カリキュラム・マネジメントで
子どもが変わる！
学校が変わる！

〜広島県立三原特別支援学校の実践〜

編著　広島県立三原特別支援学校

はじめに

　本書では，広島県立三原特別支援学校で取り組んできた『地域協働』『地域貢献』をキーワードとしたカリキュラム・マネジメントの実践を報告します。

　新しい学習指導要領により，特別支援教育の現場でもこれまで以上に地域との関わりが大きくなってきています。それはそれぞれの地域の実態によってさまざまであり，その数だけの『地域に開かれた教育課程』があると思います。

　本校のある広島県では，平成 26 年 12 月から新しい学びのアクションプランを実施してきました。本校でも，平成 26 年度から学校のミッションに『地域貢献』という言葉を入れ，子供たちが地域の中で将来どのように生きていくのか，未来を見通した取り組みを始めました。

　また，近年，学校現場では教職員の大量退職による年齢構成の大きな変化が喫緊の課題ともなっています。このことも踏まえた上で，新しい学習指導要領の中で述べられている開かれた教育課程とカリキュラム・マネジメントの実践・構築に関わる本校の実践をまとめました。

　まだまだ十分でなく，今まさに新たな改善が進んでいるところではありますが，ここで一度，まとめ，多方面からのご意見をいただき，次の一歩へとつなげていきたいと考えています。

　また特別支援教育に携わる多くの先生方やこれから特別支援学校の教員となろうとしている方々の一助となることを心から願っています。

令和 2 年 3 月

広島県立三原特別支援学校

校長　大野　英明

目　次

本校の紹介と発刊の意義

1．本校の概要

　本校は，広島県三原市にある昭和53年4月に開校した知的障害のある児童生徒のための特別支援学校です（写真1）。小学部から高等部まで，令和元年度現在126名の児童生徒が在籍しています。昭和55年に瀬戸田分級（平成19年尾道特別支援学校しまなみ分級に校名変更し移転，平成24年しまなみ分校となる），昭和57年に大崎分教室が開校し，現在に至っています。平成9年につどいの家「泉聚宿」（写真2）が開所し，現在は小・中学部の宿泊学習や高等部作業学習，製品販売会やイベントなどの会場として活用しています。スクールバスは5台運行しており，約80名の児童生徒が利用しています。その他の児童生徒は，路線バス，JR，自転車，保護者送迎で通学しています。

写真1　本校来客用玄関

写真2　泉聚宿

2．教育目標・育てたい児童生徒像

　教育目標として，「障害のある児童生徒の能力や可能性を最大限に伸ばし，自立，社会参加そして社会貢献を行うための基盤となる『生きる力』を培う」を掲げ，校訓（育てたい児童生徒像）を「礼儀」「感謝」「挑戦」と定めています。

　【礼儀】ルールを守り，挨拶等礼儀正しい児童生徒

　【感謝】感謝の心をもち，それを伝えることができる児童生徒

　【挑戦】自分を大切にし，自らを高めようとする児童生徒

3．教育課程

令和元年度教育課程の概要は次のとおりです。

学部	学級	類型	各教科等	各教科等を合わせた指導
小学部	単一障害		音楽，図画工作，体育，特別活動	日常生活の指導，生活単元学習，遊びの指導，個人別の課題学習
	重複障害	Ⅰ類型	音楽，図画工作，体育，特別活動，自立活動	日常生活の指導，生活単元学習，遊びの指導，個人別の課題学習
		Ⅱ類型	音楽，図画工作，体育，特別活動，自立活動	日常生活の指導，生活単元学習，遊びの指導
	訪問		自立活動	生活単元学習
中学部	単一障害	Ⅰ類型	国語，数学，音楽，保健体育，美術，職業・家庭，特別活動，総合的な学習の時間	日常生活の指導，生活単元学習，作業学習，個人別の課題学習
		Ⅱ類型	音楽，保健体育，美術，職業・家庭，特別活動，総合的な学習の時間	日常生活の指導，生活単元学習，作業学習，個人別の課題学習
	重複障害	Ⅰ類型	音楽，保健体育，美術，職業・家庭，特別活動，総合的な学習の時間，自立活動	日常生活の指導，生活単元学習，作業学習，個人別の課題学習
		Ⅱ類型	音楽，保健体育，美術，特別活動，総合的な学習の時間，自立活動	日常生活の指導，生活単元学習
	訪問		自立活動	生活単元学習
高等部	単一障害	Ⅰ類型	国語，数学，音楽，保健体育，美術，職業，家庭，特別活動，総合的な学習（探求）の時間	日常生活の指導，生活単元学習，作業学習
		Ⅱ類型	音楽，保健体育，美術，特別活動，総合的な学習（探求）の時間	日常生活の指導，生活単元学習，作業学習，個人別の課題学習
	重複障害	Ⅰ類型	音楽，保健体育，美術，特別活動，総合的な学習（探求）の時間，自立活動	日常生活の指導，生活単元学習，作業学習，個人別の課題学習
		Ⅱ類型	音楽，保健体育，美術，特別活動，総合的な学習（探求）の時間，自立活動	日常生活の指導，生活単元学習
	訪問		自立活動	生活単元学習

1日の時程については，次に示すとおりです。

１日の学校生活

1	9:05〜 9:35	登校指導 （日常生活の指導・ＳＨＲ・スキルアップタイム）
2	9:35〜 9:55	パワーアップタイム（体育・保健体育・自立活動）
3	10:05〜10:50	各教科・領域等
4	11:00〜11:45	各教科・領域等
5	11:45〜12:30	給食指導（日常生活の指導・自立活動・作業学習）
6	12:50〜13:35	各教科・領域等
7	13:45〜14:30	各教科・領域等
8	14:35〜15:00	下校指導（日常生活の指導・ＳＨＲ）

１日の時間進行

４．発刊の意義

　平成29年及び31年に改訂された新学習指導要領では，育成を目指す資質・能力やカリキュラム・マネジメントの充実について示されており，各学校においては新学習指導要領が目指す理念を実現するための実践を展開することが求められています。

　本校では，新学習指導要領を踏まえ，来るべき社会に必要な力を育成するため，平成30年度に「３Ｍプロジェクト」を立ち上げるなどカリキュラム・マネジメントを実践し，その充実を図ってきました。

　令和元年度は全員が参画する教育課程編成作業の実践や「三原特支『付けたい力』」の育成を目指した教職員の小グループによる授業研究など，教職員が学び合う仕組みの構築と教科横断的な単元配列や指導計画の充実に重点的に取り組み，カリキュラム・マネジメントの一層の推進を図っています。また，高等部作業学習を中心とした地域協働や就学区域における特別支援教育ネットワークの構築を目指したセンター的機能の取組を推進し，外部リソースとの協働活動から児童生徒及び教職員の学びが深まり，「協働」から「共創」へと進化しつつある実

践も生まれています。

　本校は，教職員のチームによる主体的・創造的な取組により，その特色が形成されています。チーム学校として歩んできた地域協働・共創及びカリキュラム・マネジメントについてご紹介することで，今後の特別支援教育の充実・発展に寄与できるものと考えています。

第1部

カリキュラム・マネジメントの実際

第1章

全員参画型
カリキュラム・
マネジメントの実践

第2章

教員の学び合いを
促進するチームによる
授業づくり

第1章
全員参画型カリキュラム・マネジメントの実践

❶ 3Mプロジェクト

1.3Mプロジェクト立ち上げの経緯

　平成29・30年度の学習指導要領改訂の全面実施に向けて，各学校において，社会と連携・協働しながら，児童生徒に必要な資質・能力を育む「社会に開かれた教育課程」を実現することが示されています。それを実現する方法として「学校におけるカリキュラム・マネジメント」の内容が盛り込まれており，本校においても，学校教育目標を踏まえ，その目標達成に向けて，自立的にカリキュラムを見直し改善していく，組織的な取組が必要であると考えました。

　教育内容の見直しは，各校において毎年行われています。本校でも「教育企画部（教務）」を中心に行っており，小・中・高等部の学部ごとで評価・改善を行っています。しかし，小・中・高等部における一貫した教育課程編成に向けて，学部間の系統性を意識しにくいという課題が挙げられました。また，教育内容の見直しについては，目標・時間数・実施時期の調整等の改善が主となっており，育てたい資質・能力を基に必要な教育内容を創造しているかという視点が弱いという課題が挙げられました。

　そこで，本校では，小・中・高等部のカリキュラムを俯瞰的に分析し，付けたい資質・能力に基づいて，系統的な教育内容を創造していくことが必要ではないかと考えました。そのため，ワーキンググループを作り，教職員全体と連携しながらカリキュラム・マネジメントを行っていく仕組みづくりに挑戦しました。それが「3Mプロジェクト」です。

２．３Ｍプロジェクトとは

　３Ｍプロジェクトの「３Ｍ」は「**M** ihara：三原」「**M** anabi：学び」「**M** ap：マップ」の三つの「M」を表しています（図１－１）。本校には小・中・高等部の児童生徒が在籍しています。この小・中・高等部12年間を通した本校における「学びの地図を描くこと」が，３Ｍプロジェクトの名前の由来です。

```
３Ｍプロジェクトとは
Mihara：三原　Manabi：学び　Map：マップ
```
図1-1　３Ｍの意味

３．目的

　３Ｍプロジェクトの目的は，次の２点です。
①小・中・高等部における系統性のある指導内容を目指して，学校全体の教育課程に係る分析・検討を行うことを通して，本校におけるカリキュラム・マネジメントを推進する。
②新学習指導要領に基づき，本校の育てたい児童生徒像を意識した授業実践を行うための学校体制づくりを行う。

４．メンバー構成

　３Ｍプロジェクトでは，学びの地図を描くに当たって，本校における指導内容や指導方法の検討を行っています。教育課程の編成・改善と研究内容がつながるために，校内において教育内容の編成を担当する「教育企画部」の教務主任と，児童生徒への指導方法を研究する「教育研究部」の研究主任が参加しています。
　また，小・中・高等部の情報共有や一貫性，内容の充実を図るために各教科等の指導分野からも参加を募りました。

５．活動内容

（１）カリキュラム・マップ，三原まなびマップの作成

　小・中・高等部において，どの時期に，どんな内容を，どのような段階まで学ぶのかを示したものがカリキュラムです。このカリキュラムを理解し，教育を行うことで，児童生徒の資質・能力を育成し，育てたい児童生徒像へ近づけていくことができると考えられます。しかし，各学部における教育目標や教育内容の全体をそのまま示そうとすると情報量が多すぎ，理解・実践するためのハードルが

高くなります。また，各教科で小・中・高等部のカリキュラムを並べて示した場合においては，各教科の系統性を見ることはできても，学校教育目標や育てたい児童生徒像，育てたい資質・能力の育成に，各教科がどのように関連しているのかが分かりにくいと考えました。

そこで3Mプロジェクトでは，小・中・高等部の教育課程を，本校の重点的な取組（「清掃」「おもてなし」「芸術」）や，育てたい児童生徒像（「礼儀」「感謝」「挑戦」）の視点から切り取り，各学部の指導目標や内容の分析・検討を行いました。このような作業を通じて，目的に応じた小・中・高等部における教育の系統性や関連性を「見える化」する作業が，「カリキュラム・マップ」や「三原まなびマップ」の作成です。

3Mプロジェクトでは，この「カリキュラム・マップ」や「三原まなびマップ」の作成が大きな活動内容の一つとなっています。

（2）全教職員が参画する取組

3Mプロジェクトでは，メンバーだけではなく，全教職員との「協働」も一つのテーマとして掲げています。児童生徒に付けたい力やそのための課題等の意見収集，プロジェクト会議での話し合いの結果周知，実際に取り組む方法などを全体で検討する場を設けています。当初は，学部会を通じて行うことが多かったのですが，よりタイムリーに行っていくために，10分間研修（P152参照）という形で行う回数を増やしました。

（3）年間指導計画への反映

学びマップの作成に伴い，資質・能力の育成の観点から，必要と考えられる新しい教育内容が提案されます。次に，それを実施していくために，誰が，いつ，どのように行うかを検討し，担当となる分掌や教科担当等と連携します。最終的には，教育企画部を中心に，1年間の指導目標や内容が示された「年間指導計画」に反映させます。

6．平成30年度　強みを生かした教育課程の編成 〜「清掃」「おもてなし」「芸術」〜

本校では，平成30年度の学校全体のテーマを「協働」とし，本校で何ができるか，どのように取り組んでいくかについて，研修会を開き，教職員全体でアイデアを出し合いました。本校の強みを考え，「清掃」「おもてなし」「芸術」の三つを学校全体で取り組むことができると考えました（図1−2）。

　そこで，「清掃」「おもてなし」「芸術」に関連する資質・能力を検討し，それぞれのカリキュラム・マップを作成しました。カリキュラム・マップを作成することで，各学部の各教科・領域等において，どのような力を付けることが必要なのかが明確になりました。

　また，マップを基に，各教科・領域等でどのような単元や指導内容が必要かを検討し，年間指導計画に反映させました。

図1−2　平成30年度 ３Ｍプロジェクトイメージ図

7. 令和元年度　目指す児童生徒像を生かした教育課程の編成
～「礼儀」「感謝」「挑戦」～

　本校では，学校教育目標，育てたい児童生徒像，各学部目標を整理して「三原特支『付けたい力』」という形でまとめています。令和元年度は，この中で，育てたい児童生徒像である「礼儀」「感謝」「挑戦」に注目し，「礼儀」「感謝」「挑戦」のそれぞれのグループを作りました。そして，グループ内には，教務主任または，研究主任を配置し，主任を各グループリーダーとしました。

　育てたい児童生徒像を目指す上で，どのような力を身に付けてほしいのか，そ

してどのような取組が必要であるのかを，全教職員から意見を収集し，学校全体で一貫して取り組む内容を決定しました。その際に，各グループリーダーが集まる「リーダー会」，３Ｍメンバー全員が集まる「３Ｍ会議」，全教職員で行う「10分間研修」という三つの場を組み合わせながら，合意形成を図りました（図1－3）。

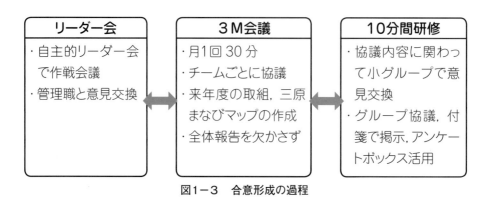

リーダー会	３Ｍ会議	10分間研修
・自主的リーダー会で作戦会議 ・管理職と意見交換	・月1回 30分 ・チームごとに協議 ・来年度の取組，三原まなびマップの作成 ・全体報告を欠かさず	・協議内容に関わって小グループで意見交換 ・グループ協議，付箋で掲示，アンケートボックス活用

図1－3　合意形成の過程

また，「礼儀」「感謝」「挑戦」の「感謝」について，各学部でどのように取り組んでいくのかを，「三原まなびマップ」で整理しました。

さらに，昨年度の３Ｍプロジェクトで年間指導計画に反映させた「清掃」「おもてなし」「芸術」の取組について，評価・改善を行いました。

8．令和２年度　カリキュラム・マップ，三原まなびマップの浸透と実践の評価・改善

プロジェクト発足から2年間で，学校での重点的取組や育てたい児童生徒像の視点で，カリキュラム・マップ，三原まなびマップを作成してきました。

3年目においては，それらに基づいて，学校全体で実践・評価をしていきます。具体的には，カリキュラム・マップや三原まなびマップに示された指導内容や指導目標に従って，全教員が指導に取り組み，指導の効果や目標・内容の妥当性について評価し，改善を行っていきます。

② カリキュラム・マップ

1. 「3Mプロジェクト」と「カリキュラム・マップ」作成の経緯

　平成30年度に発足した3Mプロジェクトは，平成30年度の学校全体のテーマを「協働」としたことから始まりました。「協働」をテーマに本校で何ができるか，どのような取組を行うかということをテーマに研修会を開き，教職員全体でアイデア（写真2－1）を出し合いました。

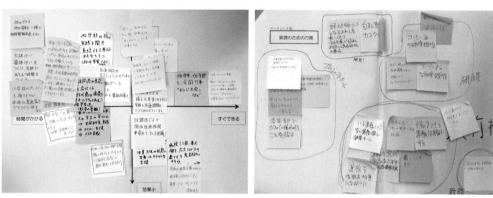

写真2－1　「協働」をテーマにした研修会で出たアイデア

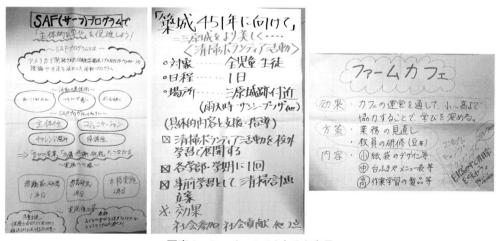

写真2－2　チームでまとめた意見

　研修会では，全教職員が小グループに分かれて協議を行い，ポスター（写真2－2）にまとめました。その結果，「清掃」「おもてなし」「芸術」の三つを学校

全体の取組（3大プロジェクト）として取り掛かることができるという結論にたどり着きました。その後，「清掃」「おもてなし」「芸術」にとって必要な資質・能力を検討し，その力を児童生徒に身に付けさせるために各教科・領域でどのような単元や指導内容が必要かを検討し，年間指導計画に反映させていくことを目指しました（図2−1）。

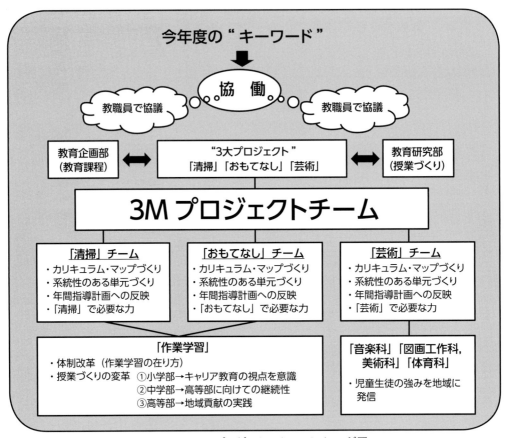

図2−1　3Mプロジェクトチームのイメージ図

　その過程で，「清掃」「おもてなし」「芸術」で身に付けさせたい力を各学部のどの教科・領域において，どのような力を付けることが必要なのかを明確にするために「カリキュラム・マップ」を作成することになりました。

2.「カリキュラム・マップ」完成までの流れ（第1〜7回会議）

（1）第1回会議

　他校で作成されている「カリキュラム・マップ」を参考に，イメージの共有を行いました（写真2−3）。

（2）第2〜4回会議

　「清掃」「おもてなし」「芸術」の各チームに分かれ，「卒業後までに付けたい力は何か」「そのために各学部でどのような力を付けたらよいか」の2点について協議を行いました。その後，この「付けたい力」はどの教科・領域で育成されているのかを年間指導計画を見ながら分析を行いました。このような手順で教科・領域の関連性を検討し，作成を進めました（写真2−4）。

写真2−3　会議の様子

写真2−4　会議の様子

（3）第5〜7回会議

　「カリキュラム・マップ」に示された力を身に付けるためには，どのような単元や指導内容が必要か，具体案を出し合いながら協議を行い，「3Mプロジェクトチーム」で出された案を各学部に提案し，さらに協議を深め完成に至りました（写真2−5）。

写真2−5　会議の様子

3.「カリキュラム・マップ（清掃）」の内容

　三つの観点のうち，本稿では「清掃」について，紹介します。「清掃」に関する「カリキュラム・マップ」は高等部卒業後に目指す姿を想定し，「清掃」を通して付けたい力を各学部で段階的に考えました（図2−2）。「道具の使い方の理解」や「流れや手順に従うこと」「ゴミや汚れを見つける力，やりきる力」など，各項目に沿って，系統的に力が身に付くよう設定しています（P38〜P51参照）。

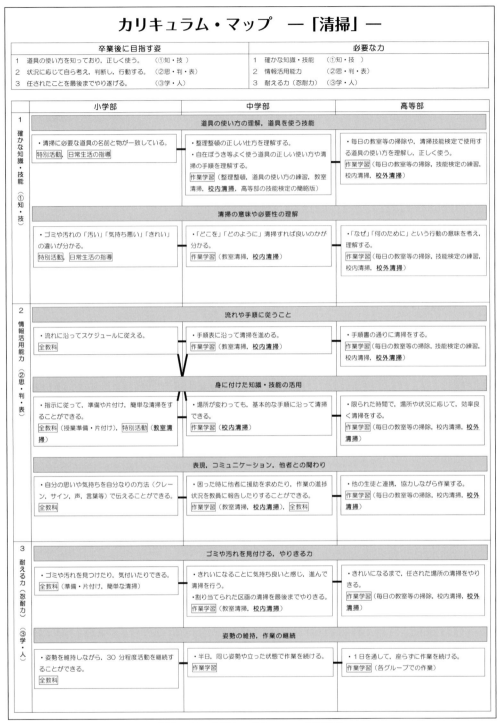

図2-2　カリキュラム・マップ（清掃）

４．年間指導計画に係る「３Ｍ系統表（清掃）」

　図２－３は，「３Ｍプロジェクト（清掃）」の取組により次年度の年間指導計画に反映した内容と，「カリキュラム・マップ」との関係を表したものです（P38参照）。「清掃」に関する取組について，それぞれの単元における育成を目指す資質・能力について，全教職員が共通認識を持ち，指導に当たるための根拠となります。

平成31年度　年間指導計画に係る３Ｍ系統表　＜清掃＞

卒業後に目指す姿	必要な力
1　道具の使い方を知っており，正しく使う。　（①知・技　）	1　確かな知識・技能　　（①知・技　）
2　状況に応じて自ら考え，判断し，行動する。（②思・判・表）	2　情報活用能力　　　　（②思・判・表）
3　任されたことを最後までやり遂げる。　　　（③学・人）	3　耐える力（忍耐力）　（③学・人）

高等部

時期	学年・教科・単元名	単元目標	指導内容	カリマップ「清掃」付けたい力
通年	高等部2・3年 作業学習（メンテナンス） 「メンテナンスⅠ・Ⅱ・Ⅲ」	・各種道具の適切な使い方を理解し，他者へ説明することができる。 ・自分の役割に責任を持ち，最後まで取組むことができる。	・受注作業（校外清掃等） ・洗車 ・環境整備等	1　清掃の意味や必要性の理解 ・「なぜ」「何のために」という行動の意味を考え，理解する。 2　身に付けた知識・技能の活用 ・限られた時間で，場所や状況に応じて，効率良く清掃する。
2学期	高等部2・3年 作業学習（メンテナンス） 「メンテナンスⅡ」	・各種道具を丁寧に扱い，正しい清掃技術を身に付けることができる。 ・適切な挨拶や言葉遣いを身に付けることができる。 ・自分たちの作業内容を他者へ伝えることができる。	・清掃（中3へ清掃指導等）	3　ゴミや汚れを見付ける，やりきる力 ・きれいになるまで，任された場所の清掃をやりきる。

中学部

時期	学年・教科・単元名	単元目標	指導内容	カリマップ「清掃」付けたい力
通年	中学部3年 作業学習（清掃） 「校内清掃の手順を知ろう」 「校内の清掃を自分たちでやりきろう」 「自分たちで課題を改善して校内を清掃しよう」　等	・校内のさまざまな場所の清掃手順が分かる。（知・技）等 ・指示書を見る等学習した手順で校内の清掃を行うことができる。（思・判・表）等 ・自分の担当をやりきろうとする。（学・人）等	・特別教室，食堂，廊下，トイレ等の清掃手順 ・校内清掃の実践	1　道具の使い方の理解，道具を使う技能 ・整理整頓の正しい仕方を理解する。 ・自在ぼうき等よく使う道具の正しい使い方や清掃の手順を理解する。 2　身に付けた知識・技能の活用 ・場所が変わっても，基本的な手順に沿って清掃できる。 3　ゴミや汚れを見付ける，やりきる力 ・きれいになることに気持ち良いと感じ，進んで清掃を行う。 ・割り当てられた区画の清掃を最後までやりきる。
2学期	中学部3年 総合的な学習の時間 「先輩に学ぼうⅢ」	・高等部2・3年の作業学習等について興味・関心を持つことができる。（知・技） ・高等部2・3年の作業学習を見学することを通して，自分たちとの違いを発見することができる。（思・判・表） ・高等部作業学習で頑張りたいことや気付き等を見つけ，発表することができる。（学・人）	・調べ学習 ・高等部2・3年見学・体験 ・振り返り・発表	1　清掃の意味や必要性の理解 ・「どこを」「どのように」清掃すれば良いのかが分かる。 2　順序や手順に従うこと ・手順表に沿って清掃を進める。

小学部

時期	学年・教科・単元名	単元目標	指導内容	カリマップ「清掃」付けたい力
通年	小学部1～6年 日常生活の指導 「チャレンジタイム」	・教師と一緒に，ごみを集めたり，捨てたりする等，簡単な掃除をする。（小学部1・2年） ・掃除用具の使い方が分かり，教師の支援を受けながら，簡単な掃除をする。（小学部3・4年） ・場所に適した掃除の方法や手順，掃除用具を選び，分担された場所の掃除をする。（小学部5・6年）	・ごみ拾い・ごみ捨て ・掃除　等	1　清掃の意味や必要性の理解 ・ゴミや汚れの「汚い」「気持ち悪い」「きれい」の違いが分かる。 2　身に付けた知識・技能の活用 ・指示に従って，準備や片付け，簡単な清掃をすることができる。 3　ゴミや汚れを見付ける，やりきる力 ・ゴミや汚れを見つけたり，気付いたりできる。

図２－３　年間指導計画に係る３Ｍ系統表（清掃） ※カリマップ：カリキュラム・マップ

5．清掃の指導に係る校内資料

　どの教師も一貫して指導ができるようになるために，広島県特別支援学校清掃技能検定（P170参照）を参考に，清掃に関する指導内容系統表（図2－4）を作成しました（P33参照）。高等部の指導にかかわらず，小・中学部での指導にも参考となるものです。

清掃の基本

1	「上」から「下」へ	2	「奥」から「手前」へ	3	「きれいな所」から「汚い所」へ
4	「隅」から「中央部」へ	5	「狭い所」から「広い所」へ			

項目		ステップ1	ステップ2	ステップ3	ステップ4
テーブル拭き	拭き方	○向きに関係なく拭く。	○左右に動かしながら拭く。	○ふちを拭いた後，中央を横・縦・横・縦の順に拭く。	広島県特別支援学校清掃技能検定
	絞り方	○水滴が落ちない程度に絞る。		○パットと同じ握り方で，腕を伸ばしながら内側に絞る。	
	その他	○掌が置けるサイズまでたたむ。	○端をそろえてたたむ。	○（ばらけている方を）親指ではさむ。	
自在ぼうき	掃き方	○ほうきを押してゴミを集める。○ゴミを1カ所に集める。	○身体の面と平行に，ほうきを左右に動かしながら掃く。	○掃き終わりで毛先を振り上げないように掃く。	
	持ち方		○両手とも順手で柄を握る。	○柄の先端を親指で押さえ，反対の手は順手で柄を握る。(右から左に掃く場合は，左手が上，右手が下。)	
	その他	○毛先が傷まないよう，フックにかけるか，毛先を上にして片付ける。	○ゴミの取り残しがないよう意識する。		
モップ	拭き方	○モップを押しながら拭く。	○モップを左右に動かしながら拭く。	○小さく後ずさりしながら，真横に房糸を動かして拭く。○房糸をひっくり返しながら拭く。	
	持ち方			○柄の先端を親指で押さえ，反対の手は順手で柄を握る。	
	その他		○モップ用バケツで，水滴が落ちない程度に絞る。		

※ステップごとに対象の学部・学年があるわけではない。個々の児童生徒に応じて，各項目内でステップアップを目指す。

図2－4　清掃の指導に係る校内資料

6．「カリキュラム・マップ」の活用

　「カリキュラム・マップ」を作成することにより，児童生徒が各学部や単元でどのような力を身に付けられるのか，指導者が何を目指して指導するのかを明確にすることができました。小学部から高等部までの12年間を見据えた指導ができるように，「カリキュラム・マップ」を活用，改善していきながら児童生徒に身に付けさせたいと考える資質・能力を伸ばしていく必要があります。

❸　三原まなびマップ

1．令和元年度「3Mプロジェクト」

　平成30年度に発足した「3Mプロジェクト」は，令和元年度に2年目を迎え，二つの内容でスタートしました。一つ目は，前年度の取組内容です。本校の強みと考えられる「清掃」「おもてなし」「芸術」をさらに充実させていくために，全児童生徒で取り組む企画を一つ決めることです。二つ目は，前年度のプロジェクトを通して企画された本年度の取組を，評価，改善することです。

　一つ目の内容を考えるに当たり，注目したのが，「三原特支で『付けたい力』」（図3－1）です。その中で「育てたい児童生徒像」に「礼儀」「感謝」「挑戦」とい

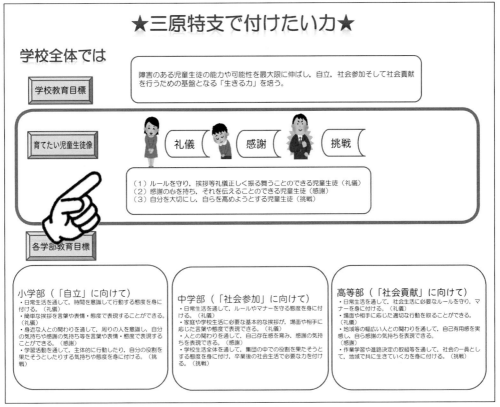

図3－1　三原特支で『付けたい力』

うキーワードがあります。その三つの力を身に付けさせる教育課程を考えるために「3Mプロジェクト会議」を年14回行いました。

　全校企画を考えるため，「礼儀」「感謝」「挑戦」の三つのワーキンググループに分かれて協議を重ねました。最初に「礼儀」「感謝」「挑戦」のそれぞれの力について，児童生徒に身に付けさせたい資質・能力を全教職員から具体的に付箋に書いてもらい，貼り付けました。次に，ポスターに整理（写真3-1）し，全校企画（表3-1）を決定しました。

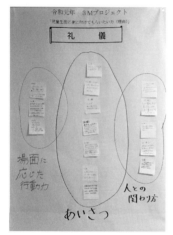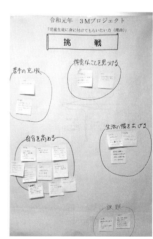

写真3-1　各「付けたい力」に係る資質・能力

表3-1　全校で取り組む内容

育てたい児童生徒像	取り組むこと（具体的な活動）
礼儀	あいさつ運動・あいさつ週間を行う（教育活動としての取組） あいさつの基本的な仕方を学校で統一する（教員の取組）
感謝	ありがとう週間（学期に1回）の設定 ありがとう集会（年に1回　3学期）の設定
挑戦	クラス単位で一人一つ目標を決め，学期ごとに評価を行い表彰する

2．「三原まなびマップ」の作成

　三つの付けたい力の中から，特に重点的に取り組むものとして，「感謝」グループのありがとう週間・ありがとう集会に関わって「三原まなびマップ」（P34 〜P36 参照）を作成し，取組内容をより分かりやすくするための整理（図３－２）を行いました。

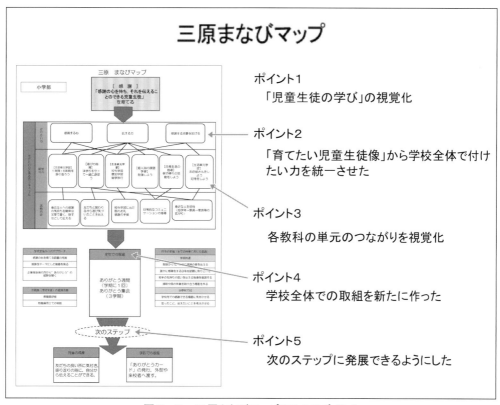

図３－２　三原まなびマップの５つのポイント

3．「三原まなびマップ」の活用

　令和元年度に作成した「三原まなびマップ」を全教職員が活用し，小学部から高等部までのつながりを意識しながら，日々の児童生徒との関わりや授業を進めています。その中で本校が目指す児童生徒像に近づけるために，「三原まなびマップ」の内容を評価，改善することで，より指導の充実につなげていく必要があります。

３Ｍ関係資料

平成30年度　３Ｍプロジェクトの取組について

1　目的
（1）小・中・高等部の系統性のある指導内容を目指して，学校全体に関するカリキュラムの分析・検討を行う。
（2）広島版「学びの変革」アクション・プランに基づき，本校の付けたい力を意識した授業実践に向けた学校体制づくりを行う。

2　内容
（1）各教科等の単元構成を見直し，平成31年度の年間指導計画に反映させる。
（2）日々の授業につながる，システムづくりをする。

3　構想図

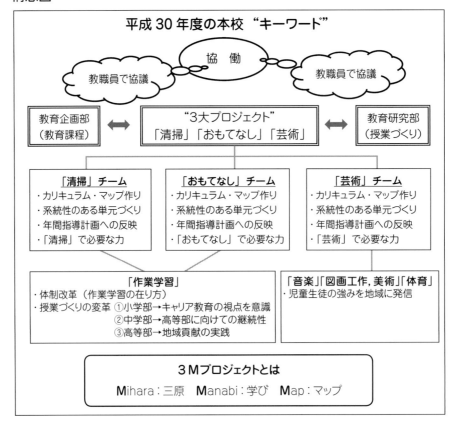

カリキュラム・マップ ―「清掃」―

卒業後に目指す姿	必要な力
1　道具の使い方を知っており，正しく使う。　（①知・技）	1　確かな知識・技能　（①知・技　）
2　状況に応じて自ら考え，判断し，行動する。（②思・判・表）	2　情報活用能力　（②思・判・表）
3　任されたことを最後までやり遂げる。　（③学・人）	3　耐える力（忍耐力）（③学・人）

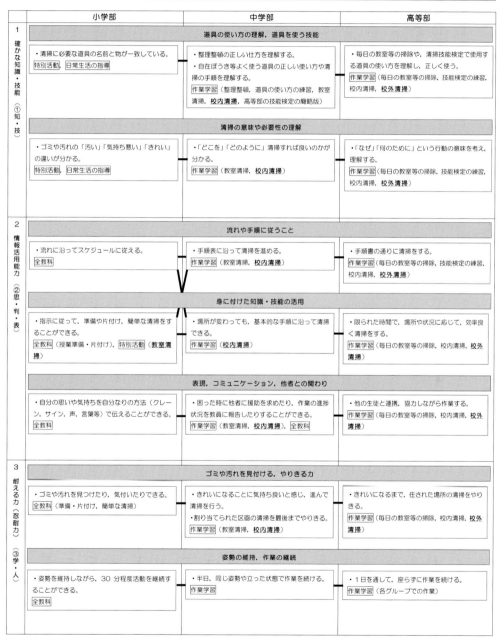

	小学部	中学部	高等部
1　確かな知識・技能（①知・技）	**道具の使い方の理解，道具を使う技能**		
	・清掃に必要な道具の名前と物が一致している。 特別活動，日常生活の指導	・整理整頓の正しい仕方を理解する。 ・自在ぼうき等よく使う道具の正しい使い方や清掃の手順を理解する。 作業学習（整理整頓，道具の使い方の練習，教室清掃，**校内清掃**，高等部の技能検定の簡略版）	・毎日の教室等の掃除や，清掃技能検定で使用する道具の使い方を理解し，正しく使う。 作業学習（毎日の教室等の掃除，技能検定の練習，校内清掃，**校外清掃**）
	清掃の意味や必要性の理解		
	・ゴミや汚れの「汚い」「気持ち悪い」「きれい」の違いが分かる。 特別活動，日常生活の指導	・「どこを」「どのように」清掃すれば良いのかが分かる。 作業学習（教室清掃，**校内清掃**）	・「なぜ」「何のために」という行動の意味を考え，理解する。 作業学習（毎日の教室等の掃除，技能検定の練習，校内清掃，**校外清掃**）
2　情報活用能力（②思・判・表）	**流れや手順に従うこと**		
	・流れに沿ってスケジュールに従える。 全教科	・手順表に沿って清掃を進める。 作業学習（教室清掃，**校内清掃**）	・手順書の通りに清掃をする。 作業学習（毎日の教室等の掃除，技能検定の練習，校内清掃，**校外清掃**）
	身に付けた知識・技能の活用		
	・指示に従って，準備や片付け，簡単な清掃をすることができる。 全教科（授業準備・片付け），特別活動（**教室清掃**）	・場所が変わっても，基本的な手順に沿って清掃できる。 作業学習（**校内清掃**）	・限られた時間で，場所や状況に応じて，効率良く清掃をする。 作業学習（毎日の教室等の掃除，校内清掃，**校外清掃**）
	表現，コミュニケーション，他者との関わり		
	・自分の思いや気持ちを自分なりの方法（クレーン，サイン，声，言葉等）で伝えることができる。 全教科	・困った時に他者に援助を求めたり，作業の進捗状況を教員に報告したりすることができる。 作業学習（教室清掃，**校内清掃**），全教科	・他の生徒と連携，協力しながら作業する。 作業学習（毎日の教室等の掃除，校内清掃，**校外清掃**）
3　耐える力（忍耐力）（③学・人）	**ゴミや汚れを見付ける，やりきる力**		
	・ゴミや汚れを見つけたり，気付いたりできる。 全教科（準備・片付け，簡単な清掃）	・きれいになることに気持ち良いと感じ，進んで清掃を行う。 ・割り当てられた区画の清掃を最後までやりきる。 作業学習（教室清掃，**校内清掃**）	・きれいになるまで，任された場所の清掃をやりきる。 作業学習（毎日の教室等の掃除，校内清掃，**校外清掃**）
	姿勢の維持，作業の継続		
	・姿勢を維持しながら，30分程度活動を継続することができる。 全教科	・半日，同じ姿勢や立った状態で作業を続ける。 作業学習	・1日を通して，座らずに作業を続ける。 作業学習（各グループでの作業）

カリキュラム・マップ　ー「おもてなし」ー

卒業後に目指す姿		必要な力	
1　相手に接する時の基本的なマナーを身に付けている。（①知・技）		1　確かな知識・技能（①知・技）	
2　相手の話を聞いたり，周囲の人と話をしたりしながら，相手が喜ぶことを考え，実行することができる。（②思・判・表）		2　コミュニケーション能力，情報活用能力（②思・判・表）	
3　相手のことを考え，主体的に人の役に立とうとする。（③学・人）		3　主体性，自己肯定感（③学・人）	

	小学部	中学部	高等部
1 確かな知識・技能 （①知・技）	**あいさつ**		
	・朝や帰り，始まりや終わりのあいさつをする。 日常生活の指導（朝・帰りの会，登下校時） 各授業（始めと終わりのあいさつ）	・学校生活において，人や場面に応じたあいさつを知り，実践する。 日常生活の指導（朝・帰りのSHR） 作業学習（作業時のあいさつ）	・学校生活や社会生活において，人や場面に応じたあいさつをする。 日常生活の指導（朝・帰りのSHR） 作業学習（作業基礎）職業（社会人になる，働くために）
	身だしなみ		
	・給食着や運動着等，学校場面に応じて身なりを整える。 日常生活の指導（給食，運動時の着替え） 生活単元（調理時の服装）	・制服等，公的な場面に応じて身なりを整える。 日常生活の指導（制服，給食，運動時の着替え） 生活単元（校外学習時・調理時の服装）	・作業服，面接時の服装等，社会生活場面に応じた身なりを整える。日常生活の指導（身辺の整理整頓） 生活単元学習（卒業後の生活を考える） 作業学習作（作業基礎）
	聞き方・話し方の基礎		
	・相手の話に対して，反応を示したり，相手に対して簡単な報告や要求を伝えたりする。日常生活の指導（今日の発表） 個人別の課題学習（終了の報告，要求伝達）	・相手の話を理解しようとする態度を示し，話の内容に応じた行動をしたり，返答したりする。日常生活の指導（朝・帰りのSHR） 個人別の課題学習（話の聞き取り，メモ）	・返事の仕方や言葉遣いに気を付けながら，報告・連絡・相談する。日常生活の指導（同級生の話を聞く） 作業学習（作業基礎）総合的な学習（見学や感想の記録） 個人別の課題学習（話の聞き取り，メモ）
2 コミュニケーション能力，情報活用能力 （②思・	**コミュニケーション能力**		
	・自分の好きなことやしたいことを伝え，相手のしたいことを知る。 特別活動（行事についての話し合い） 遊びの指導（一緒に遊ぼう）	・自分の意見を伝えたり，相手の意見を聞いたりしながら，クラスの考えをまとめることができる。 日常生活の指導（身の回りの出来事やお知らせ） 個人別の課題学習（グループで課題に取り組もう）	・学校の後輩や，地域に向けて，自分たちが学んできたことや伝えたいことを発信することができる。 職業（後輩に伝える）総合的な学習（暮らしと地域） 作業学習（作業学習販売会）
	課題解決力		
	・クラスの中で自分たちがしたいことや，みんなで一緒にしたいことを決める。 特別活動（行事についての話し合い） 生活単元学習（お店屋さんをしよう）	・講師や先輩のおもてなしの良さに気付き，相手に喜ばれることを実践する。 生活単元学習（おもてなしをしよう） 総合的な学習（先輩に学ぼう）	・進路に向けての自分の目標や，作業等で受けた依頼をよりよく達成する方法を考え，実行する。 日常生活の指導（スキルアップタイム） 総合的な学習（暮らしと地域）作業学習（作業学習販売会）
3 主体性・自己肯定感 （③学・人）	**相手の気持ちを知ろうとする，相手の立場になって考えようとする姿勢**		
	・相手が好きなものやしたいことを知ろうとする。 生活単元学習（お楽しみ会をしよう）	・活動の内容や方法を決めるために，相手が喜ぶことを聞いたり，考えたりする。 特別活動（学級会をしよう）学部集会 生活単元学習（おもてなしをしよう）	・相手の立場になる経験や，アンケートの結果を基に，活動をより良くしようとする態度を身に付ける。 作業学習（接客サービス・作業学習販売会）
	人の役に立つ経験・自己肯定感		
	・自分の役割を果たしながら，他の児童と一緒に楽しい経験や嬉しい経験をする。 特別活動（よりよい生活作り） 遊びの指導（一緒に遊ぼう） 生活単元学習（お店屋さんをしよう）	・校内の相手に対して，楽しいことや喜ぶことを実践し，評価される経験をする。 生活単元学習（おもてなしをしよう） 学部集会	・地域の人たちに，商品やサービスを提供し，評価される経験をする。 作業学習（作業学習販売会，カフェ憩）

カリキュラム・マップ　ー「芸術」ー

卒業後に目指す姿		必要な力	
1	自分を表現するための知識や技能がある。（①知・技）	1	確かな知識，技能　（①知・技）
2	気持ちを伝えるために行動を起こすことができる。（②思・判・表）	2	コミュニケーション能力（②思・判・表）
3	自分や他者を認め，協力して生きていく。（③学・人）	3	自己肯定感　（③学・人）

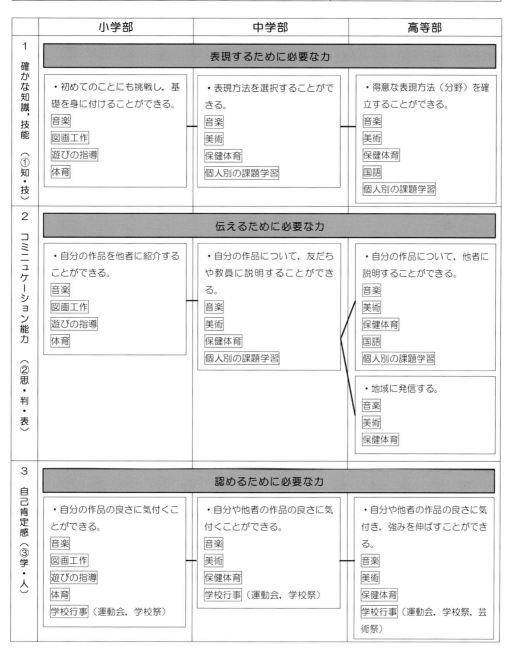

	小学部	中学部	高等部
1 確かな知識・技能 （①知・技）	**表現するために必要な力**		
	・初めてのことにも挑戦し，基礎を身に付けることができる。 音楽 図画工作 遊びの指導 体育	・表現方法を選択することができる。 音楽 美術 保健体育 個人別の課題学習	・得意な表現方法（分野）を確立することができる。 音楽 美術 保健体育 国語 個人別の課題学習
2 コミュニケーション能力 （②思・判・表）	**伝えるために必要な力**		
	・自分の作品を他者に紹介することができる。 音楽 図画工作 遊びの指導 体育	・自分の作品について，友だちや教員に説明することができる。 音楽 美術 保健体育 個人別の課題学習	・自分の作品について，他者に説明することができる。 音楽 美術 保健体育 国語 個人別の課題学習 ・地域に発信する。 音楽 美術 保健体育
3 自己肯定感 （③学・人）	**認めるために必要な力**		
	・自分の作品の良さに気付くことができる。 音楽 図画工作 遊びの指導 体育 学校行事（運動会，学校祭）	・自分や他者の作品の良さに気付くことができる。 音楽 美術 保健体育 学校行事（運動会，学校祭）	・自分や他者の作品の良さに気付き，強みを伸ばすことができる。 音楽 美術 保健体育 学校行事（運動会，学校祭，芸術祭）

３大プロジェクトに係る年間指導計画の取組事項

	清掃		おもてなし		芸術	
	～平成30年度	平成31年度	～平成30年度	平成31年度	～平成30年度	平成31年度
小学部	①小学部全学年 ②通年 ③日常生活の指導 ④チャレンジタイム（昼の掃除） ⑤教室の掃除	①小学部全学年 ②通年 ③日常生活の指導 ④チャレンジタイム（昼の掃除） ⑤教室の掃除	①小学部６年 ②３学期 ③生活単元学習 ④お店屋さんをしよう ⑤低学年を招待	①小学部５・６年 ②１学期 ③生活単元学習 ④町探検をしよう ⑤高等部２・３年のカフェ利用	①小学部全学年 ②２学期 ③生活単元学習、図画工作 ④各教科・各学年で設定 ⑤学校祭に向けた取組（作品づくり、ステージ発表） ①小学部全学年 ②３学期 ③音楽 ④各学年で設定 ⑤学部音楽発表	①全学部全学年 ②２学期 ③図画工作、美術 ④各教科・各学年で設定 ⑤芸術祭に向けた取組の充実（作品づくり、音楽鑑賞等）
中学部	①中学部３年 ②通年 ③作業学習（清掃） ④校内清掃の手順を知ろう 等 ⑤校内清掃	①中学部３年 ②通年 ③作業学習（清掃） ④校内清掃の手順を知ろう 等 ⑤校内清掃の充実	①中学部３年 ②３学期 ③生活単元学習 ④おもてなしをしよう ⑤教職員を招待	①中学部３年 ②２学期 ③総合的な学習の時間 ④先輩に学ぼうⅢ ⑤高等部２・３年の作業学習の見学・体験	①中学部全学年 ②２学期 ③生活単元学習、美術、総合的な学習の時間 ④各教科・各学年で設定 ⑤学校祭に向けた取組（作品づくり、ステージ発表）	①全学部全学年 ②３学期 ③図画工作、美術 ④各教科・各学年で設定 ⑤校内美術館計画の充実（作品鑑賞）
高等部	①高等部１年 ②２・３学期 ③作業学習（サービス） ④清掃・衛生・接客サービスⅠ・Ⅱ ①高等部２・３年 ②通年 ③作業学習（メンテナンス） ④メンテナンスⅠ・Ⅱ ①高等部全学年 ②１・２学期 ③作業学習（メンテナンス） ④作業基礎 ⑤小及小学校での清掃	①高等部全学年 ②１・２学期 ③作業学習（メンテナンス） ④メンテナンスⅡ ⑤清掃技能検定の練習 ⑤接客技能検定の練習 ⑤中学部３年への清掃指導	①高等部２・３年 ②２・３学期 ③作業学習（サービス）（農業・食品） ④清掃・衛生、接客サービスⅡ・Ⅲ、食品加工 ⑤校外カフェ（月１回）の開催	①高等部２・３年 ②通年 ③作業学習（接客サービス） ④接客サービスⅠ・Ⅱ・Ⅲ ⑤校外カフェ（月１回）の開催	①高等部全学年 ②１・２学期 ③音楽 ④各学年で設定 ①高等部全学年 ②１・２学期 ③美術 ④各学年で設定 ⑤芸術祭に向けた取組	①高等部全学年 ②１・２学期 ③美術 ④各学年で設定 ⑤作品づくり

凡例
①対象学部学年
②実施時期
③教科・領域名
④単元・題材名
⑤活動内容

平成31年度　年間指導計画に係る３M系統表　＜清掃＞

卒業後に目指す姿	必要な力
1　道具の使い方を知っており，正しく使う。　（①知・技　） 2　状況に応じて自ら考え，判断し，行動する。（②思・判・表） 3　任されたことを最後までやり遂げる。　　　（③学・人）	1　確かな知識・技能　　　　（①知・技　） 2　情報活用能力　　　　　　（②思・判・表） 3　耐える力（忍耐力）　（③学・人）

高等部

時期	学年・教科・単元名	単元目標	指導内容	カリマップ®「清掃」付けたい力
通年	高等部２・３年 作業学習（メンテナンス） 「メンテナンスⅠ・Ⅱ・Ⅲ」	・各種道具の適切な使い方を理解し，他者へ説明することができる。 ・自分の役割に責任を持ち，最後まで取組むことができる。 ・各種道具を丁寧に扱い，正しい清掃技術を身に付けることができる。	・受注作業（校外清掃等） ・洗車 ・環境整備等 ・清掃（中3へ清掃指導等）	1　清掃の意味や必要性の理解 ・「なぜ」「何のために」という行動の意味を考え，理解する。 2　身に付けた知識・技能の活用 ・限られた時間で，場所や状況に応じて，効率良く清掃をする。 3　ゴミや汚れを見付ける，やりきる力 ・きれいになるまで，任された場所の清掃をやりきる。
2学期	高等部２・３年 作業学習（メンテナンス） 「メンテナンスⅡ」	・適切な挨拶や言葉遣いを身に付けることができる。 ・自分たちの作業内容を他者へ伝えることができる。		

中学部

時期	学年・教科・単元名	単元目標	指導内容	カリマップ「清掃」付けたい力
通年	中学部3年 作業学習（清掃） 「校内清掃の手順を知ろう」 「校内の清掃を自分たちでやりきろう」 「自分たちで課題を改善して校内を清掃しよう」　等	・校内のさまざまな場所の清掃手順が分かる。（知・技）　等 ・指示書を見る等学習した手順で校内の清掃を行うことができる。（思・判・表）　等 ・自分の担当をやりきろうとする。（学・人）　等	・特別教室，食堂，廊下，トイレ等の清掃手順 ・校内清掃の実践	1　道具の使い方の理解，道具を使う技能 ・整理整頓の正しい仕方を理解する。 ・自在ぼうき等よく使う道具の正しい使い方や清掃の手順を理解する。 2　身に付けた知識・技能の活用 ・場所が変わっても，基本的な手順に沿って清掃できる。 3　ゴミや汚れを見付ける，やりきる力 ・きれいになることに気持ち良いと感じ，進んで清掃を行う。 ・割り当てられた区画の清掃を最後までやりきる。
2学期	中学部3年 総合的な学習の時間 「先輩に学ぼうⅢ」	・高等部２・３年の作業学習等について興味・関心を持つことができる。（知・技） ・高等部２・３年の作業学習を見学することを通して，自分たちとの違いを発見することができる。（思・判・表） ・高等部作業学習で頑張りたいことや気付き等を見つけ，発表することができる。（学・人）	・調べ学習 ・高等部２・３年見学・体験 ・振り返り・発表	1　清掃の意味や必要性の理解 ・「どこを」「どのように」清掃すれば良いのかが分かる。 2　流れや手順に従うこと ・手順表に沿って清掃を進める。

小学部

時期	学年・教科・単元名	単元目標	指導内容	カリマップ「清掃」付けたい力
通年	小学部1～6年 日常生活の指導 「チャレンジタイム」	・教師と一緒に，ごみを集めたり，捨てたりする等，簡単な掃除をする。（小学部1・2年） ・掃除用具の使い方が分かり，教師の支援を受けながら，簡単な掃除をする。（小学部3・4年） ・場所に適した掃除の方法や手順，掃除用具を選び，分担された場所の掃除をする。（小学部5・6年）	・ごみ拾い・ごみ捨て ・掃除　等	1　清掃の意味や必要性の理解 ・ゴミや汚れの「汚い」「気持ち悪い」「きれい」の違いが分かる。 2　身に付けた知識・技能の活用 ・指示に従って，準備や片付け，簡単な清掃をすることができる。 3　ゴミや汚れを見付ける，やりきる力 ・ゴミや汚れを見つけたり，気付いたりできる。

平成31年度　年間指導計画に係る3M系統表　＜おもてなし＞

卒業後に目指す姿	必要な力
1　相手に接する時の基本的なマナーを身に付けている。　（①知・技） 2　相手の話を聞いたり，周囲の人と話をしたりしながら，相手が喜ぶことを考え，実行することができる。　（②思・判・表） 3　相手のことを考え，主体的に人の役に立とうとする。　（③学・人）	1　確かな知識・技能　　　　　　　　（①知・技） 2　コミュニケーション能力，情報活用能力　（②思・判・表） 3　主体性，自己肯定感　　　　　　　（③学・人）

高等部

時期	学年・教科・単元名	単元目標	指導内容	カリマップ「おもてなし」付けたい力
通年	高等部2・3年 作業学習 （接客サービス） 「接客サービスⅠ・Ⅱ・Ⅲ」	・各種道具を丁寧に扱い，正しい接客態度を身に付けることができる。 ・場に応じた言葉遣いをすることができる。 ・自分たちの作業内容を他者へ伝えることができる。 ・身に付けた接客技能や態度を伝えることができる。 ・工夫したり，効率を考えたりしながら，正確に作業をすることができる。 ・自分の役割に責任を持ち，最後まで取組むことができる。	・校外カフェの企画・運営 ・校外カフェの実施等 ・説明，実践練習（オープンスクール，企業等懇談会）	1　あいさつ，身だしなみ，聞き方，話し方の基礎 ・学校生活や社会生活において，人や場面に応じたあいさつをする。 ・作業服，面接時の服装等，社会生活場面に応じた身なりを整える。 ・返事の仕方や言葉遣いに気を付けながら，報告・連絡・相談をする。 2　コミュニケーション力，課題発見，解決力 ・学校の後輩や，地域に向けて，自分たちが学んできたことや伝えたいことを発信することができる。 ・進路に向けての自分の目標や，作業等で受けた依頼をよりよく達成する方法を考え，実行する。 3　相手の気持ちを知ろうとする，相手の立場になって考えようとする姿勢，人の役に立つ経験 ・相手の立場になる経験や，アンケートの結果を基に，活動をより良くしようとする態度を身に付ける。 ・地域の人たちに，商品やサービスを提供し，評価される経験をする。

中学部

時期	学年・教科・単元名	単元目標	指導内容	カリマップ「おもてなし」付けたい力
9月	中学部3年 総合的な学習の時間 「先輩に学ぼうⅢ」	・高等部2・3年の作業学習を見学することを通して，自分たちとの違いを発見することができる。 ・高等部作業学習で頑張りたいことや気付き等を見付け，発表することができる。	・カフェのおもてなしを見学し，自分たちのおもてなしの仕方を振り返る。 ・カフェの仕事で気付いたことや頑張りたいことを発表する。	2　課題発見，解決力 ・講師や先輩のおもてなしの良さに気付き，相手に喜ばれることを実践する。 3　相手の気持ちを知ろうとする，相手の立場になって考えようとする姿勢 ・活動の内容や方法を決めるために，相手が喜ぶことを聞いたり，考えたりする。
2月	中学部3年 生活単元学習 「おもてなしをしよう」	・おもてなしをするために必要なことや計画の立て方を知る。 ・おもてなしに必要な知識や技術を身に付け，実践することができる。 ・企画当日に，自らの役割を責任を持って果たすことができる。	・校内でお世話になった先生をおもてなしする ・おもてなしの計画を立て，実施に必要な準備をしたり，技能を身に付けたりする。	1　あいさつ，聞き方，話し方の基礎 ・学校生活において，人や場面に応じたあいさつを知り，実践する。 ・相手の話を理解しようとする態度を示し，話の内容に応じた行動をしたり，返答したりする。 2　コミュニケーション力，課題発見，解決力 ・自分の意見を伝えたり，相手の意見を聞いたりしながら，クラスの考えをまとめることができる。 ・講師や先輩のおもてなしの良さに気付き，相手に喜ばれることを実践する。 3　相手の気持ちを知ろうとする，相手の立場になって考えようとする姿勢，人の役に立つ経験 ・活動の内容や方法を決めるために，相手が喜ぶことを聞いたり，考えたりする。 ・校内の相手に対して，楽しいことや喜ぶことを実践し，評価される経験をする。

小学部

時期	学年・教科・単元名	単元目標	指導内容	カリマップ「おもてなし」付けたい力
6月〜7月	小学部5・6年 生活単元学習 「町探検をしよう」	・公共施設や公共交通機関を利用する際のマナーを守って利用しようとすることができる。	・注文やお金の支払いをする。 ・高等部のカフェでおもてなしを受ける。	2　コミュニケーション能力 ・自分の好きなことやしたいことを伝え，相手のしたいことを知る。 3　相手の気持ちを知ろうとする，相手の立場になって考えようとする姿勢 ・相手が好きなものやしたいことを知ろうとする。
1月〜3月	小学部5・6年 生活単元学習 「お店屋さんをしよう」	・教師や保護者（5年），低学年（6年）をお店に招待し，案内の内容を言葉や身振り等で伝え，自分の役割を最後まで果たそうとすることができる。	・簡単な応対に必要な知識や技能を身に付ける。 ・自分の役割を最後まで果たそうとする。	1　聞き方，話し方の基礎 ・相手の話に対して，反応を示したり，相手に対して簡単な報告や要求を伝えたりする。 3　相手の気持ちを知ろうとする，相手の立場になって考えようとする姿勢，人の役に立つ経験 ・相手が好きなものやしたいことを知ろうとする。 ・自分の役割を果たしながら，他の児童と一緒に楽しい経験や嬉しい経験をする。

清掃の基本

1　「上」から「下」へ　　2　「奥」から「手前」へ　　3　「きれいな所」から「汚い所」へ
4　「隅」から「中央部」へ　　5　「狭い所」から「広い所」へ

	項目	ステップ1	ステップ2	ステップ3	ステップ4
テーブル拭き	拭き方	○向きに関係なく拭く。	○左右に動かしながら拭く。	○ふちを拭いた後、中央を横・縦・横・縦の順に拭く。	広島県 特別支援学校 清掃技能検定
	絞り方	○水滴が落ちない程度に絞る。		○バケットと同じ握り方で、腕を伸ばしながら内側に絞る。	
	その他	○筆が置けるサイズまでたたむ。	○端をそろえてたたむ。	○（ぼらけている方を）親指ではさむ。	
自在ほうき	掃き方	○ほうきを押してゴミを集める。○ゴミを1カ所に集める。	○身体の面と平行に、ほうきを左右に動かしながら掃く。	○掃き終わりで毛先を振り上げないように掃く。	
	持ち方		○両手とも順手で柄を握る。	○柄の先端を親指で押さえ、反対の手は順手で柄を握る。（右から左に掃く場合は、左手が上、右手が下。）	
	その他	○毛先が傷まないよう、フックにかけるか、毛先を上にして片付ける。	○ゴミの取り残しがないよう意識する。		
モップ	拭き方	○モップを押しながら拭く。	○モップを左右に動かしながら拭く。	○小さく後ずさりしながら、真横に房糸を動かして拭く。○房糸をひっくり返しながら拭く。	
	持ち方			○柄の先端を親指で押さえ、反対の手は順手で柄を握る。	
	その他		○モップ用バケツで、水滴が落ちない程度に絞る。		

※ステップごとに対象の学部・学年があるわけではない。個々の児童生徒に応じて、各項目内でステップアップを目指す。

三原まなびマップ（小学部）

小学部

[　感　謝　]
「感謝の心を持ち，それを伝えることのできる児童生徒」
を育てる

付けたい力

| 感謝する心 | 伝える力 | 感謝する対象を拡げる |

付けたい力に係るカリキュラム

題材単元

| 【生活単元学習】
1年間・6年間を振り返ろう | 【遊びの指導】
決まりを守って一緒に遊ぼう | 【生活単元学習】
校外学習
宿泊学習
修学旅行 | 【個人別の課題学習】
勉強しよう | 【日常生活の指導】
朝や帰りの活動をしよう | 【生活単元学習】
お店屋さんをしよう
招待をしよう |

活動内容

| 身近な人への感謝の気持ちを簡単な文章で書く，話すなどして伝える | 友だちと関わりながら遊び気づいたことを伝える | 校外学習に出た際のお礼
感謝の手紙 | 日常的なコミュニケーションの指導 | 身近な人を招待
（他学年→教員→家族等の拡がり） |

学校全体からのアプローチ
感謝の心を育てる図書の充実

感謝をテーマにした動画を見る

企業等地域の方から"ありがとう"の経験を聞く

教職員（学校全体）の意識改善
教職員研修

教職員同士での実践

全体での取組

ありがとう週間
（学期に1回）
ありがとう集会
（3学期）

日々の取組（全ての授業における意識）
学部共通

教師からも，児童に感謝の意を伝える

誰かに感謝をする日等を話題に取り上げる

相手の気持ちや思いを伝える指導を意識する

掃除や係の作業を助け合う場面を作る

小学部では

学校内での感謝できる場面に気付かせる

思ったこと，伝えたいことを考えさせる

次のステップ

児童の成長
友だちの良い所に気付き，振り返りの時に，自分から伝えることができる。

学部での取組
「ありがとうカード」の発行，外部や来校者へ渡す。

34

三原まなびマップ（中学部）

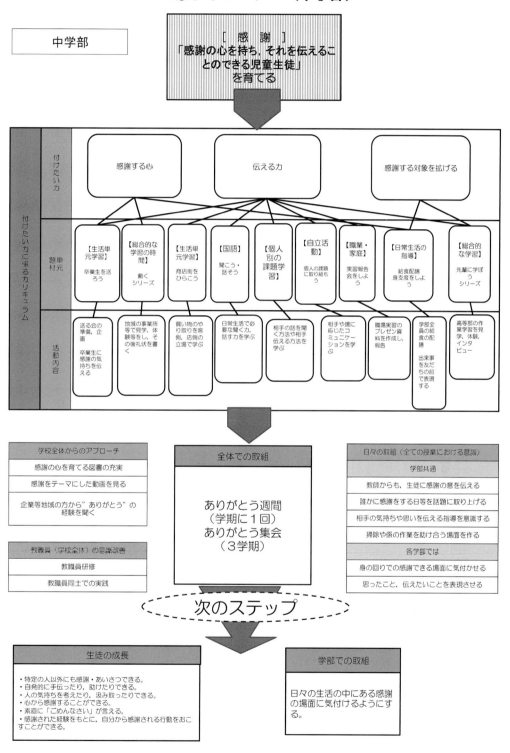

中学部

[感　謝]
「感謝の心を持ち，それを伝えることのできる児童生徒」
を育てる

付けたい力に係るカリキュラム

付けたい力

| 感謝する心 | 伝える力 | 感謝する対象を拡げる |

題材単元

【生活単元学習】
卒業生を送ろう

【総合的な学習の時間】
働くシリーズ

【生活単元学習】
商店街をひらこう

【国語】
聞こう・話そう

【個人別の課題学習】
個人の課題に取り組もう

【自立活動】

【職業・家庭】
実習報告会をしよう

【日常生活の指導】
給食配膳身支度をしよう

【総合的な学習】
先輩に学ぼうシリーズ

活動内容

- 送る会の準備，企画
- 卒業生に感謝の気持ちを伝える
- 地域の事業所等で見学，体験等をし，その後礼状を書く
- 買い物のやり取りを客側，店側の立場で学ぶ
- 日常生活で必要な聞く力，話す力を学ぶ
- 相手の話を聞く方法や相手伝える方法を学ぶ
- 相手や場に応じたコミュニケーションを学ぶ
- 職場実習のプレゼン資料を作成し，報告
- 学部全員の給食の配膳
- 出来事を友だちの前で表現する
- 高等部の作業学習を見学，体験，インタビュー

学校全体からのアプローチ

- 感謝の心を育てる図書の充実
- 感謝をテーマにした動画を見る
- 企業等地域の方から"ありがとう"の経験を聞く

教職員（学校全体）の意識改善

- 教職員研修
- 教職員同士での実践

全体での取組

ありがとう週間
（学期に1回）
ありがとう集会
（3学期）

日々の取組（全ての授業における意識）

学部共通

- 教師からも，生徒に感謝の意を伝える
- 誰かに感謝をする日等を話題に取り上げる
- 相手の気持ちや思いを伝える指導を意識する
- 掃除や係の作業を助け合う場面を作る

各学部では

- 身の回りでの感謝できる場面に気付かせる
- 思ったこと，伝えたいことを表現させる

次のステップ

生徒の成長

- 特定の人以外にも感謝・あいさつできる。
- 自発的に手伝ったり，助けたりできる。
- 人の気持ちを考えたり，汲み取ったりできる。
- 心から感謝することができる。
- 素直に「ごめんなさい」が言える。
- 感謝された経験をもとに，自分から感謝される行動をおこすことができる。

学部での取組

日々の生活の中にある感謝の場面に気付けるようにする。

三原まなびマップ（高等部）

高等部

[感 謝]
「感謝の心を持ち，それを伝えることのできる児童生徒」
を育てる

付けたい力	付けたい力に係るカリキュラム			
付けたい力	感謝する心		伝える力	感謝する対象を拡げる
題材単元	【特別活動】食に関する指導	【自立活動】個人別の課題	【生活単元学習】おもてなしをしよう	【国語】表現しようⅡ	【職業】進路を考える先輩から学ぶ	【作業学習】プレゼン大会販売会	【日常生活の指導】給食スキルアップタイム
活動内容	給食の製造過程を知る調理員へのインタビュー	来校者のために環境を整える	職場実習の礼状	周囲の人へ感謝の手紙言葉遣い，礼儀作法を学ぶ	校外学習後に担当者など特定の人へ礼状		

学校全体からのアプローチ

感謝の心を育てる図書の充実

感謝をテーマにした動画を見る

企業等地域の方から"ありがとう"の経験を聞く

教職員（学校全体）の意識改善

教職員研修

教職員同士での実践

全体での取組

ありがとう週間
（学期に１回）
ありがとう集会
（３学期）

日々の取組（全ての授業における意識）

学部共通

教師からも，生徒に感謝の意を伝える

誰かに感謝をする日等を話題に取り上げる

相手の気持ちや思いを伝える指導を意識する

掃除や係の作業を助け合う場面を作る

各学部では

地域や日常生活での感謝できる場面に気付かせる

思ったこと，伝えたいことを言語化させる

次のステップ

生徒の成長

・ありがとうと言われる側になる。
・他者の思いに気づき，自発的にありがとうと言うことができる。

学部での取組

・お世話になっている人に感謝を伝える。
・ＴＰＯに応じて感謝を伝える方法を自ら考えさせる。

❋ Coffee Break ❋
マスコットキャラクター「たこみちゃん」

　三原特別支援学校は広島県南部の三原市に位置しています。三原市は，山と海に囲まれ，とても自然が豊かな場所です。本校のマスコットキャラクター「たこみちゃん」は，三原市の特産物である「たこ」から名付けられました。頭には，本校の校章の形をしたリボンを付けています。

　たこみちゃんは，すぐに児童生徒の身近な存在となりました。シールや箸，ジャンパーなどのグッズとなり，現在でも授業等で積極的に活用されています。「たこみちゃん」は，児童生徒のやる気を引き出す役割を担っています。

　また，地域の行事等でも「たこみちゃん」は大活躍しています！　毎年開催される，三原市のビッグイベント「やっさ祭り」では，「たこみちゃんはっぴ」を着て

マスコットキャラクター「たこみちゃん」

「たこみちゃんはっぴ」「たこみちゃんうちわ」を「やっさ祭り」で披露！

やっさ踊りを披露しています。インパクトのあるキャラクターが地域の人々の目を引き，興味をもって見ていただいたり，「かわいい！」と声を掛けてくださったりします。「たこみちゃん」は，地域に三原特別支援学校をアピールする大切な役割も担っています。

❹ 「カリキュラム・マップ」「三原まなびマップ」に基づく授業実践

1．清掃

1－1「清掃」　小学部第4学年（単一障害学級）

【身に付けたい資質・能力】

日常生活の指導	特別活動（本単元）	日常生活の指導
・清掃に必要な道具の名前と物が一致している。 ・流れに沿ってスケジュールに従える。	・ゴミや汚れの「汚い」「気持ち悪い」「きれい」の違いが分かる。 ・自分の思いや気持ちを自分なりの方法（クレーン，サイン，声，言葉等）で伝えることができる。	・指示に従って，準備や片付け，簡単な清掃をすることができる。

（1）領域・教科等名：特別活動

（2）題材名：「よりよい生活づくりをしよう」

（3）児童の実態

　児童6名の単一障害学級であり，そのうち2名は自閉症を併せ有する児童です。コミュニケーションについては，毎回ではありませんが自分の意思を言葉で伝えようとする児童，クレーン行動や泣くことで自分の想いを伝えようとする児童など実態は様々です。教師に手伝ってもらったり，教師に自分の意思を積極的に伝えたりすることはできますが，友だち同士で自分の意思や考えを伝え合うことが苦手な児童もいます。役割（選ぶ・遂行する）については，慣れていない役割や係活動において不安を感じ，教師に助けを求めることがありますが，繰り返し取り組むことで，自主的に，積極的に取り組むことができます。また，前単元で役割を決める際に，司会となる児童が友だちに「何がやりたいか」などと聞きながら役割を決める活動を行いました。

（4）題材の目標

・学級の友だちと一緒によりよい生活をする上で必要な基礎的なことを知る。（知・技）

・よりよい生活にするために，教師の支援を受けながら，取り組みたい目標や役割を選ぶ力を付ける。（思・判・表）

・教師の支援を受けながら，自分の役割に取り組もうとする。（学・人）

（5）本題材で身に付けたい資質・能力（カリキュラム・マップ「清掃」より）

表現，コミュニケーション，他者との関わり

・自分の思いや気持ちを自分なりの方法（クレーン，サイン，声，言葉等）で伝えることができる。

清掃の意味や必要性の理解

・ゴミや汚れの「汚い」「気持ち悪い」「きれい」の違いが分かる。

（6）題材計画（全4時間）

学習活動	指導上の留意事項
＜よりよい生活づくりをしよう＞ ① 3学期の目標設定（1時間） ② 係活動（清掃等）（2時間） 実践事例はここ！ ③ 3学期の振り返り・春休みについて（1時間）	・自分で選ぶことができるよう表出言語が少ない児童に対して，選択肢にイラストを付けて提示するなど児童の実態に応じて選択肢を提示する。 ・協力して取り組ませるために，ペアで活動したり，友だち同士で声を掛け合ったりするなどの場面を設定する。 ・児童に目標を意識付けるために友だち同士で活動している際に肯定的な言葉掛けを行うとともに，授業の振り返り時に友だちや役割を意識して活動できたことに焦点化し評価する。 ・自分で設定した目標が達成できたか自分で振り返ることができるよう，目標に関連する児童の様子をあらかじめ写真等で記録しておき，記録した写真等を使って振り返りを行う。 ・達成感や自己肯定感につなげるために友だち同士で評価し合う場面を設定する。

（7）本時の目標

・友だちや教師と協力して掃除をすることができる。

・自らの役割に気付き，進んで掃除をすることができる。

（8）本時の活動

学習活動	指導上の留意事項
1　あいさつをする。 2　本時の目標や内容を確認する。 3　掃除 　（1）机運び 　（2）ほうき 　（3）雑巾 　（4）机運び 4　振り返りをする。 5　あいさつをする。	・活動内容への見通しをもたせるため，目標や活動の流れを，手順表（写真4−1）を掲示し，説明する。 ・文字認識が難しい児童に対してイメージがもてるよう，手順表にイラストを入れる。 ・友だちと協力して運んだり，協力してほしいことを友だちに伝えたりすることができるよう，児童同士が声を掛け合い，ペアで大きな物を運ぶなど一人で運べない場面を設定する。 ・新聞紙等を床に撒き，小さなゴミを見つけにくい児童が，ゴミを意識して掃除することができるようにする。 ・自己評価だけではなく，他者評価をすることで，相手を意識させる。

写真4−1　手順表

（9）活動の様子及び成果

　本時では，自分からほうきを取りに行き，終了したら教師に自分で報告に行くなど，掃除の流れを覚え取り組むことができました。また，教師の少ない指示で，自分の役割に積極的に取り組むことができました（写真4−2）。

　これまでは，手伝ってほしい場面や友だちと一緒に活動する場面において，自分から友だちを誘うことが難しかった児童も，本題材を通して，大きい物

写真4−2　児童の様子

を運ぶ際は友だちが来るまで待ち，友だちが近づいた際に自分から手でサインを送って伝えたり，「持って」と友だちに手伝ってほしい旨を言葉で伝えたりするなど，自分の思いや気持ちを自分なりの方法で伝えながら協力して物を運ぶことができるようになりました。また，集めたごみを塵取りに入れる際に，誰が塵取りを持ってくるのかという場面において，これまでは教師に助けを求めていましたが，今回は友だちに「塵取りを持ってきて」と頼む姿が見られました。友だちと協力したり，自分の役割を意識したりして取り組むことができるようになりました。

(10) 次単元への発展

①領域・教科名・題材名

日常生活の指導　「昼の活動をしよう（掃除）」

②題材目標

・教師と一緒に，掃除する場所や掃除内容に応じて掃除道具を使い，決められた時間内で掃除をすることができる。（知・技）（思・判・表）

・教師と一緒に，ごみを集めたり，捨てたりするなど，簡単な掃除を友だちと協力して行おうとする。（思・判・表）（学・人）

③付けたい資質・能力（カリキュラム・マップ「清掃」より）

身に付けた知識・技能の活用

・指示に従って，準備や片付け，簡単な清掃をすることができる。

④学びのつながり（児童の様子）

特別活動で友だちと協力して取り組むことができるようになったことで，教師の言葉掛け等がなくても友だちと協力して物を運ぶなど協力して掃除をする姿が見られるようになりました（写真4－3）。また，日常生活の指導に限らず，休憩時間に授業の片付け等で教師が掃除をする姿を見て，児童自ら進んでほうきを取りに行き掃除をする姿が見られました。さらに，特別活動で学んだことを日常生活の指導の場

写真4－3　児童の様子

面で継続して学習することで，これまで掃除を決められた時間で継続して取り組むことができていましたが，「汚れた」「きたない」から「きれいにしよう」と思ったり，特に汚れた所を念入りに掃除したりするなど児童の内面の変化が表れ，掃除の意味や必要性の理解につながりました。今後は，きれいになることを気持ちが良いと感じたり，どの児童も自分から積極的に掃除ができるようになったりする姿がより見られるようにしていきたいと考えています。

※「知識及び技能」を（知・技），「思考力・判断力・表現力等」を（思・判・表），「学びに向かう力，人間性等」を（学・人）と略しています。

1-2「清掃」　中学部第3学年（単一障害学級）

【身に付けたい資質・能力】

前単元		本単元		次単元
・「どこを」「どのように」清掃すればよいのかが分かる。 ・場所が変わっても，基本的な手順に沿って清掃できる。	→	・場所が変わっても，基本的な手順に沿って清掃ができる。 ・きれいになることに気持ち良いと感じ，進んで清掃を行う。 ・割り当てられた区画の清掃を最後までやりきる。	→	・困った時に他者に援助を求めたり，作業の進捗状況を教員に報告したりすることができる。 ・半日同じ姿勢や立った状態で作業を続けることができる。

（1）領域・教科等名：作業学習（清掃）

（2）単元名：「使う人が喜ぶ清掃をしよう」

（3）生徒の実態

　生徒4名の単一障害学級です。中学部第1学年時から「清掃」の学習を行っており，机の拭き方，自在ぼうき等掃除道具の基本的な使い方や，教室清掃の手順等はよく理解しています。第2学年では，自分の教室清掃だけでなく，廊下，階段，下駄箱等校内清掃を行ってきました。手順が分かると，リーダーを中心に自分たちで役割分担を行い，意欲的に活動できています。第3学年では，高等部の作業学習「サービス」をイメージし，自分から汚れている場所に気付いたり，どうやったら早く効率よく作業できるかを考えたりしながら活動する学習を行っています。2学期には「総合的な学習の時間」の「先輩に学ぼうⅢ」で，高等部作業学習「サービス」の見学・体験を行いました。「先輩たちはすごい」「てきぱきしていてかっこいい」など憧れを持つようになりました。

（4）単元の目標

　・校内清掃を通して，自分たちの課題を見つけることができる。（知・技）

　・課題に対する改善策を考え，清掃の中で実践することができる。（思・判・表）

　・他の場面でも，課題を意識し，改善しようとすることができる。（学・人）

（5）本単元で身に付けたい資質・能力（カリキュラム・マップ「清掃」より）

　身に付けた知識・技能の活用

　・場所が変わっても，基本的な手順に沿って清掃できる。

ゴミや汚れを見つける，やりきる力

・きれいになることに気持ち良いと感じ，進んで清掃を行う。

・割り当てられた区画の清掃を最後までやりきる。

（6）単元計画（全15時間）

学習活動	指導上の留意事項
＜自分たちで課題を改善して校内を清掃しよう＞ ① 　課題を見つける（2時間） ② 　改善策を考える（2時間） ③ 　校内清掃の実践（10時間） 　　（食堂等） 実践事例はここ！  写真4−4　生徒の様子 ④ 　振り返り（1時間）	・「総合的な学習　の時間」の「先輩に学ぼうⅢ」で高等部作業学習「サービス」を見学・体験した時の先輩へのインタビューから，先輩たちが，どのようなことに注意しながら清掃していたのかを思い出させる（写真4−5）。  写真4−5　生徒の様子 ・自分たちの清掃の様子をタブレット端末で撮影し，先輩たちとの違いに気付かせる。 ・生徒の取り組んだ内容が周りに気付きやすく，使用頻度が多い「食堂」を清掃場所とする。 ・清掃完了後，各自，報告シートのチェック欄で確認を行う。 ・清掃が完了したら，各担任に「食堂清掃が終わりました」と報告シートを渡し，「ありがとう」と感謝の気持ちを伝えてもらうことを通して，自己肯定感を高める（写真4−6）。 ・生徒自身が目標を決めることができるよう清掃報告シート（アンケート）を食堂入り口に掲示し，利用者にきれいになっているか気付きを記入してもらう。  写真4−6　生徒の様子

（7）本時の目標

・役割分担を行い，時間を意識して清掃することができる。

・本時で「できたこと」と次の時間への課題を発表することができる。

（8）本時の活動

学習活動	指導上の留意事項
1　あいさつ 2　本時目標，活動の確認 3　役割分担 4　清掃活動 　①　椅子を上げる 　②　掃き掃除 　③　モップ掛け 　④　椅子を下ろす 　⑤　テーブル拭き 　⑥　手洗い場 　⑦　ごみ捨て 　⑧　確認 5　振り返り  写真4－7　生徒の様子 6　あいさつ	・本時の目標を意識できるよう，ポイントをホワイトボードに記入しておく。 ・報告シート（アンケート）に記入されていることから，課題を整理し，目標を決める。  写真4－8　配置図 ・どこを清掃するのか役割分担が視覚的に分かるよう，食堂内の配置図を用意し，ミニホワイトボードで示す（写真4－8）。 ・一人での活動が難しい生徒へは，対面でモデルを見せ，模倣できるようにする（写真4－9）。  写真4－9　生徒の様子 ・時間を意識できるよう，タイマーを準備し，「残り〇分」と言葉掛けを行う。 ・目標に照らし合わせた自己評価ができるようホワイトボードを用意する（写真4－7）。 ・「良かった点」「課題」を伝え，次にどうしたらよいか，改善点に気付かせる。

（9）活動の様子及び成果

　これまで清掃の手順は理解していますが，時間を意識して効率良く活動することや，自分のことだけに精いっぱいで，一緒に活動している友だちを意識しながら活動することが難しかった生徒も，高等部の先輩たちの様子を見て，「時間内に終わらせる大切さ」や「他者に声を掛けながらチームで行うこと」に気付き，憧れをもつことで，「ここ終わったよ。手伝おうか」など，徐々に他者を意識しながら清掃を

写真4－10　生徒の様子

行うことができるようになりました（写真4－10）。清掃は手順通りにこなせばよいのではなく，「きれいになると気持ちが良い」「使う人が喜んでくれる」といった，何のために行うのかに関連した内容を発言する生徒もいました。また，友だちと協力し合うことで効率良く行えることにも気付くことができました。

（10）次単元への発展

①領域・教科名・単元名

　作業学習（清掃）「後輩へ「清掃アドバイスブック」を作ろう」

②単元目標

- ・３年間の授業を通して感じた清掃の大切なことなどを文章やイラストにしてまとめ，後輩へアドバイスブックを作ることができる。（知・技）
- ・３年間を振り返り，学んだことを通して，卒業後の目標を考えることができる。（思・判・表）（学・人）

③付けたい資質・能力（カリキュラム・マップ「清掃」より）

表現，コミュニケーション，他者との関わり

- ・困った時に他者に援助を求めたり，作業の進捗状況を教員に報告したりすることができる。

姿勢の維持，作業の継続

- ・半日，同じ姿勢や立った状態で作業を続けることができる。

④学びのつながり（生徒の様子）

　小学部第６学年の児童に清掃を教えるために，自分たちが作業学習（清掃）で学んだことを基に，「清掃アドバイスブック」を作成しました（図４－１）。どうやったら下級生に分かりやすく伝わるか，何度もシミュレーションを行いながら改善を行いました。

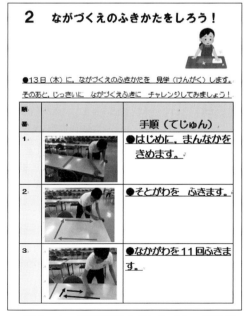

図４－１　「清掃アドバイスブック」一部抜粋

写真４－11　生徒の様子

45

　実際に教える場面では，作業学習（清掃）の活動内容を紹介し，「清掃アドバイスブック」に沿って，テーブルの拭き方について教えることができました（写真4－11）。振り返りでは，「教えることの難しさを知ることができた」「次はもっと分かってもらえるように，一緒にやりながら教えてみたい」と，自分の課題に気付き，次への改善を考えることができました。先輩から教えてもらったり，後輩へ教えたりする活動を通して，お互いが学び合い，次の活動への意欲へつなげることができました。

> ## ※ Coffee Break ※
> # 姉妹校との交流

　本校では，令和元年度8月に校長，教頭，生徒会長が大韓民国　龍仁江南（ヨンインカンナム）学校・江南（カンナム）大学校を訪問し，姉妹校提携の調印式を行いました。本校では2校目の姉妹校提携です。調印式の様子は，本校にスカイプで中継されました。

　龍仁江南学校は大韓民国龍仁市にある知的障害特別支援学校です。龍仁江南学校の運動会，作品展示会の様子をスカイプで見学するなど，交流をしています。江南大学校とは，両国の特別支援教育の充実・発展に向けて，研究成果や教員や学生同士の交流を計画しています。

　令和元年11月には，江南大学校の尹信一（ユンシンイル）総長，姜昌旭（カンチャンウク）学長，龍仁江南学校　金容漢（キムヨンハン）校長が本校の学校祭に来校し，視察されました。令和2年度は，生徒同士の活動報告や学習発表など，本格的に交流を実施していきたいと計画を立てています。

調印式後記念品交換

スカイプによる交流

1−3「清掃」　高等部第2・3学年（単一障害学級）

【身に付けたい資質・能力】

前単元	本単元	次単元
清掃活動について，場の状況に応じて，効率良く清掃でき，最後までやりきることができる。	前時の実習の振り返りから，様々な課題を発見し，清掃活動での改善策等を話し合い，生徒自身による次時の目標設定ができる。	清掃活動について，場の状況に応じて，効率良く清掃でき，最後までやりきることができる。

（1）領域・教科等名：作業学習

（2）単元名：「メンテナンスⅢ」

（3）生徒の実態

　生徒6名の縦割り編成のグループであり，ADHD等の障害の状態は様々ですが，学年にこだわらず自分の意見を言えたり，生徒同士で協力し合えたり（写真4−12），よりよく清掃活動を実施していこうとする積極的な気持ちをもっている生徒の集団です。また，継続した作業になると粗さが出てくる生徒もいますが，後輩に大変優しく，丁寧に指導ができる先輩もいることから，生徒間の関係性においてバランスがとれている集団です（写真4−13）。

写真4−12　生徒の協力の様子

写真4−13　生徒の様子

（4）単元の目標

・各種道具の適切な使い方を理解することができる。（知・技）

・自分の役割に責任をもち，最後まで取り組むことができる。（学・人）

・各種道具を丁寧に扱い，正しい清掃技術を身に付けることができる。（知・技）

・適切な挨拶や言葉遣いを身に付けることができる。（思・判・表）

・自分たちの作業内容を他者へ伝えることができる。（思・判・表）

（5）本単元で身に付けたい資質・能力（カリキュラム・マップ「清掃」より）

身に付けた知識・技能の活用

・限られた時間で，場面や状況に応じて，効率良く清掃をする。

表現，コミュニケーション，他者との関わり

・他の生徒と連携，協力しながら作業する。

ゴミや汚れを見つける。やりきる力

・きれいになるまで，任された場所の清掃をやりきる。

（6）単元計画（48時間）

学習活動	指導上の留意事項
＜メンテナンスⅢ＞ ・受注作業（校外清掃等） 実践事例はここ！ ・洗車 ・受託作業（箱折等） ・事務作業 ・環境整備等 ・実践練習	・危険が伴う環境での作業もあるので，自己だけでなく，他者の安心・安全に配慮しながら作業を行うよう留意させる。 ・作業中，疑問な点があった場合は，チームミーティングを行うなどして，生徒同士で話し合い解決策を決めるようにする。 ・実施，振り返り，改善，試行の活動の連続性をもたせるよう意識できるようにする。

（7）本時の目標

・前時の清掃活動の写真から，良かったところ，悪かったところを出し合い，改善点を模索することができる。（思・判・表）

・良かったところや悪かったところについて，なぜその結果を招いたか，どうするべきであったのかなどを話し合うとともに，改善策として次回の校外清掃でどのような工夫をするのかを主体的に考えることができる。（思・判・表）（学・人）

（8）本時の活動

学習活動	指導上の留意事項
1　挨拶	・リーダーの生徒が全員を確認し号令を掛ける。
2　前時の内容を知る。 　　写真で振り返る。	・前回の校外清掃（企業）の様子を写真で見て，どのような課題があるのか，気付きを付箋に書かせるなどして考えさせる。
3　改善策を考える。	・良かった点と悪かった点を交互に示し，改善点を生徒に考えさせるようにする。 ・生徒がどう考えるかを大切にし，改善策を生徒の言葉で言えるようにグループでの話し合いを促す。
4　挨拶	

（9）活動の様子及び成果

　前時の清掃活動での様子を写真で振り返り，生徒が，気が付かなかった良かった点と悪かった点を比較させました。写真4-14は，生徒たちが自ら気付いて，濡れたバケツの下にタオルを敷いている点が良い点として教師が紹介したものです。生徒に○・×クイズ形式で考えさせた際，ほとんどの生徒が良い点を答えることができました。

写真4-14　前時の様子

写真4-15　気付きを促す写真

　写真4-15は，清掃活動が終了した時点で，この状況を確認し気付きを促しました。「何か忘れていることはないか」という問いに，何人もの生徒がコンセ

ントの端子が抜けている点に気付くことができました。しかし，どのように改善するかについては，改善点が出なかったので，グループで3分間の話し合う場を設定しました。改善点として，「最後に作業した内容を一つ一つ確認する」また「その場の作業が終了した時点で必ず戻す」という意見が出ました。

　このように，作業状況を一つ一つ画像で振り返り，自分たちの作業を再現し，できている点，できていない点を実際の画像を交えながら，振り返りを行いました。清掃活動を指示通りに丁寧にきれいに行うことは，この時期すでに当たり前になっています。本時で期待する生徒の姿は，想定外の事態に遭遇した時やトラブルが起こった時に，グループで話し合い等を行い，コミュニケーションを取りながら，課題を解決できる能力や態度を持つ姿です。

(10) 次単元への発展

①領域・教科名・単元名

　作業学習　「メンテナンスⅢ」

②単元目標

・各種道具の適切な使い方を理解することができる。（知・技）

・自分の役割に責任を持ち，最後まで取り組むことができる。（学・人）

・各種道具を丁寧に扱い，正しい清掃技術を身に付けることができる。（知・技）

・適切な挨拶や言葉遣いを身に付けることができる。（思・判・表）

・自分たちの作業内容を他者へ伝えることができる。（思・判・表）

③付けたい資質・能力（カリキュラム・マップ「清掃」より）

身に付けた知識・技能の活用

・限られた時間で，場面や状況に応じて，効率良く清掃をする。

表現，コミュニケーション，他者との関わり

・他の生徒と連携，協力しながら作業する。

ゴミや汚れを見つける。やりきる力

・きれいになるまで，任された場所の清掃をやりきる。

④学びのつながり（生徒の様子）

　この作業学習（清掃）では，清掃活動を行うだけでなく，この清掃活動がどのような意味を持つのかを考えさせながら行っています。生徒たちは，見えない部分まで丁寧にきれいに仕上げる知識・技能は習得しています（写真4－16）。それを基に，清掃活動で周りの

写真4－16　清掃後の排水口

人やその場を使う人に，気を遣う配慮も求め，効率的に仕事ができる環境まで考えさせたいという意図をもって指導しています。

写真4－17は，清掃時に棚や什器を動かした後，清掃をし，再度戻す際の記録を自ら映している様子です。清掃のプロとして，依頼者に満足してもらえるように配慮した一例であり，限られた範囲

写真4－17
什器の移動を写真で記録している様子

の中で，知識・技能を十分に使い，グループ内でコミュニケーションを取りながら，清掃活動をしている姿がよく理解できる場面であるといえます。

※ Coffee Break ※
ヒヤッとメモ

　本校では，児童生徒が安心・安全な学校生活を送るため，「おっと！ヒヤッとした！」と思ったことは，教職員ですぐに情報共有しています。
　「画鋲が廊下に落ちていた」「コピー機にプリントが置かれたままだった」など，ヒヤッとしたことはすぐにメモに書きます。職員朝会で共有し，アクシデントにつながることを防いでいます。

誰でも！どこでも！すぐに！簡単に！記入できるようシンプルなメモ用紙にしています。

ヒヤッとメモ

2．おもてなし

2−1 「おもてなし」　小学部第5学年（単一障害学級）

【身に付けたい資質・能力】

前単元	本単元	次単元
・自分の好きなことやしたいことを伝え，相手のしたいことを知る。 ・相手が好きなものやしたいことを知ろうとする。	・相手の話に対して，反応を示したり，相手に対して簡単な報告や要求を伝えたりする。 ・自分の役割を果たしながら，他の児童と一緒に楽しい経験やうれしい経験をする。	・クラスの中で自分たちがしたいことや，みんなで一緒にしたいことを決める。 ・相手が好きなものやしたいことを知ろうとする。 ・自分の役割を果たしながら，他の児童と一緒に楽しい経験やうれしい経験をする。

（1）領域・教科等名：生活単元学習

（2）単元名：「お店屋さんをしよう」

（3）児童の実態

　　児童2名の単一障害学級です。コミュニケーションについて，2名とも簡単なやり取りはできますが，相手の気持ちを考えて行動したり，伝えたい内容が自分の興味・関心のある内容に偏ったりするなど課題があります。しかし，相手の気持ちをイラストで提示したり，言葉をかみ砕いて本児に説明したりすることで場面や状況を理解することができます。また，人との関わり方について，適切な行動を伝えると学習し，適切に行動が取れることがあります。話し方については，単語で受け応えたり，会話が一方的になったりすることがあります。

（4）単元の目標

　・お店屋さんの計画や準備等の活動を通して，簡単な応対のやり方を知る。（知・技）

　・教師や保護者をお店に招待し，案内の内容を言葉や身振り等で伝え，自分の役割を最後まで果たそうとすることができる。（思・判・表）（学・人）

（5）本単元で身に付けたい資質・能力（カリキュラム・マップ「おもてなし」より）

　聞き方，話し方の基礎

　・相手の話に対して，反応を示したり，相手に対して簡単な報告や要求を伝え

たりする。

人の役に立つ経験

・自分の役割を果たしながら，他の児童と一緒に楽しい経験やうれしい経験をする。

（6）単元計画（全13時間）

学習活動	指導上の留意事項
＜お店屋さんをしよう＞ ① お店の計画をする（2時間） 　（お店の内容，誰を呼ぶか，何を準備するか）	・前単元で行った高等部カフェの利用（写真4-18）を想起させ，お店の人とのやり取りを学んだことやおもてなしのイメージをもたせる。 写真4-18　児童の様子
② お店の準備をする（5時間） 　（お店の準備，案内状，景品作り，接客の練習） ③ お店屋さんの実施（1時間） ④ アンケート実施，集約，改善（3時間） ⑤ お店屋さんの実施（1時間） 　　**実践事例はここ！** ⑥ 振り返り（1時間）	・自分たちでお店の内容を決めるのが難しいため，「お店を利用した際にどんなことをされてうれしかったか」など言葉掛けをしたり，写真を見せたりすることで実施したいお店のイメージをもたせる。 ・開店までの見通しをもたせるために，開店日までに何をいつまでに準備したらよいか自分でスケジュール化させる。 ・振り返り時に視覚的に振り返ることができるよう，タブレット端末で接客の様子を記録する。 ・お店に来てくれた方にアンケートを実施し，分析することで，よりよいおもてなしの方法や相手が喜ぶ品物について自分たちで考える場面を設定する。 ・1回目の開店と2回目の開店の改善が分かるようアンケートで比較をさせる。

（7）本時の目標

・前時で学んだ接客の際の丁寧な対応方法や笑顔を本時のお店屋さんで生かすことができる。

（8）本時の活動

学習活動	指導上の留意事項
1　あいさつをする。 2　本時の内容や目標を確認する。 3　開店の準備をする。 4　接客の練習をする。	・「表情（笑顔）」「動き（両手で渡す）」など，なぜ気を付けた方がよいのか考えさせて，目標を確認する。 ・商品を陳列する際に，お客の立場に立って商品を並べるよう言葉掛けをする。 ・児童自らが表情に気を付けることができるように，鏡を見える位置に設置する。 ・目標を意識することができるよう，お互いに

5　お店屋さんを開く。	接客を見せ合い，気付きを伝え合う場面を設定する。 ・足し算の暗算が定着していない児童に対して，正確に計算したり，何をいくつ買ったのか整理したりすることができるよう補助シート（写真4－19）を準備する。  写真4－19　補助シート ・対応方法が分からなくなったり，忘れたりした時には，前時までに作成した対応表を確認させる。
6　振り返りをする。 7　あいさつをする。	・本時の目標に沿って自己評価を行う。

（9）活動の様子

　Ａさんは，商品の見た目よりも使いやすさや便利さを重視して商品を作っていました。1回目のお店屋さん実施後のアンケート結果で，△が多かったことを残念がっていました。「ラッピングをしたらかわいい」というアンケートの記述から，見た目も大切であることに自分で気付き，商品を袋詰

写真4－20　児童の様子

めし，シールを貼って飾り付けることができました。相手の立場や気持ちを考えるきっかけとなりました。2回目のお店屋さんでは自信をもって，おすすめ商品をお客さんに説明したり，笑顔で接客をしたりすることができていました（写真4－20）。また，2回目のアンケートの結果，○の数が前回よりも多くなったことにＡさんも喜び，日記に「お店屋さんは大変でした。でもたくさん作って，たくさん買ってもらえてうれしかったです」と書き，達成感や自己肯定感につながりました。

　Ｂさんは，はじめはお客さんに対して失礼なことを言ったり，片手で商品を渡したりしていました。タブレット端末で自分の接客の様子を録画し，動画を見たり，友だちからの気付きを聞いたりすることで，相手の立場に立った丁寧な言葉遣いや接客を学びました。そして，学んだことをお店屋

写真4－21　児童の様子

さんで実践することができていました（写真4－21）。たくさんのお客さんが来てくれ，たくさんの商品が売れたことを喜んでいました。

（10）次単元への発展

①領域・教科名・単元名

　生活単元学習 「1年間を振り返ろう（6年生を送る会）」

②単元目標

・卒業生への感謝の気持ちの伝え方や，相手が分かりやすい発表の仕方について知る。（知・技）

・1年間を振り返り，頑張ったことや感謝の気持ちを，簡単な文章で話したり書いたりして伝え，相手に関わろうとすることができる。（思・判・表）（学・人）

③付けたい資質・能力（カリキュラム・マップ「おもてなし」より）

課題解決能力

・クラスの中で自分たちがしたいことや，みんなで一緒にしたいことを決める。

相手の気持ちを知ろうとする，相手の立場になって考えようとする姿勢

・相手が好きなものやしたいことを知ろうとする。

人の役に立つ経験

・自分の役割を果たしながら，他の児童と一緒に楽しい経験やうれしい経験をする。

④学びのつながり（児童の様子）

　新型コロナウイルス感染症対策のため臨時休業となり，6年生を送る会を実施することができませんでしたが，6年生にプレゼントを作り，渡しました。これまで片手で相手に物を渡していた児童は，プレゼントを渡す際に「おめでとう！」の言葉を添え，両手で渡すことができるようになり

写真4－22　児童の様子

ました（写真4－22）。見た目よりも便利さを重視してプレゼントを作成していた児童は，ラッピングしてプレゼントを作ることができました。また，卒業生に対してどのような時に「ありがとう」という思いをもったのか児童に考えさせたところ，「生徒会であいさつしてくれてありがとう」「一緒に野球をして遊んでくれてありがとう」など感謝の気持ちを自分で考え，卒業生に対して手紙を書くことができました。今回は児童が，相手が好きなものは何かなど事前に調べ，取り組むことが十分できなかったので，今後はそのような資質・能力を身に付けることができるよう単元計画を立て，実践していきたいと考えています。

2−2「おもてなし」　中学部第３学年（単一障害学級）

【身に付けたい資質・能力】

前単元	本単元	次単元
・学校生活において，人や場面に応じた挨拶を知り，実践することができる。 ・制服等，公的な場面に応じて身なりを整えることができる。	・外部講師や先輩からのおもてなしの良さに気付き，相手に喜ばれることを実践する。 ・活動の内容や方法を決めるために，相手が喜ぶことを聞いたり，考えたりする。 ・校内の相手に対して会を実践し，評価される経験をする。	・自分の意見を伝えたり，相手の意見を聞いたりしながら，クラスの考えをまとめることができる。

（1）領域・教科等名：生活単元学習

（2）単元名：「おもてなしをしよう」

（3）生徒の実態

　生徒４名の単一障害学級です。４名とも言葉でのコミュニケーションが可能ですが，自分の伝えたいことを一方的に話したり，相手の立場に立って言動したりすることに課題があります。１学期に「プロの接客を体験しよう」の単元で，校外学習でホテルへ行き，プロのホテルマンから接客に必要な挨拶や，おもてなしについて学びました（写真４−23，４−24）。また，総合的な学習の時間「先輩に学ぼう」では，高等部作業学習サービスグループの喫茶を見学，体験しました。これらの活動から，おもてなしに対する知識・技能だけでなく，プロのホテルマンや先輩にあこがれの気持ちを持ち，中学部の最高学年として「自分たちも人に喜んでもらえる経験がしたい」と意欲をもっています。

（4）単元の目標

　・おもてなしをするために必要なことや計画の立て方を知る。（知・技）

　・おもてなしに必要な知識や技能を身に付け，実践することができる。（思・判・表）

　・企画当日に，自ら役割と責任を持って果たすことができる。（学・人）

（5）本単元で身に付けたい資質・能力（カリキュラム・マップ「おもてなし」より）

　課題解決力

　・外部講師や先輩からのおもてなしの良さに気付き，相手に喜ばれることを実

践する。

相手の気持ちを知ろうとする，相手の立場になって考えようとする姿勢

・活動内容や方法を決めるために，相手が喜ぶことを聞いたり考えたりする。

人の役に立つ経験・自己肯定感

・校内の相手に対して，楽しいことや喜ぶこと実践し，評価される経験をする。

（6）単元計画（全14時間）

学習活動	指導上の留意事項
＜おもてなしをしよう＞ ① 「おもてなし」について学ぶ 　【外部講師】（1時間） 　（挨拶，身だしなみ，接客について） ② 「おもてなし会〜○○さんを招待しよう〜」 　の計画をする（2時間） 　（招待する人，会の内容，役割分担） ③ 「おもてなし会」の準備をする（4時間） 　（飾り付け，招待状等） ④ 簡単調理，接客の仕方（2時間） 　（コーヒーの入れ方，出し方等） ⑤ 「おもてなし会」の実施（1時間）【外部講師】 　**実践事例はここ！** ⑥ 振り返り（1時間） 　（アンケート集計，次回の計画） ⑦ 「ありがとう会〜3年間の感謝を伝えよう〜」 　の実施（1時間） ⑧ 振り返り（1時間）	・1学期に「プロの接客を体験しよう」で自分たちがおもてなしを受けた経験から，おもてなしに必要なことを思い出させ，意欲につなげる。 写真4－23，4－24　生徒の様子 ・自分たちがおもてなしをして，喜んでほしい人をイメージさせ，招待したい人を考えさせる。 ・計画の仕方やどのような役割が必要か思い出すことができるよう，2学期に行った「企画をしよう」の様子の写真を提示する。 ・インターネットを使い，分かりやすく喜ばれる招待状について調べる。 ・衛生面，安全面等に留意しながら，「コップは下を持つ」「お盆はまっすぐ持つ」など，一つ一つのポイントをホワイトボードへ掲示する。 ・自己評価できるようタブレット端末で活動の様子を記録する。 ・アンケートを作成し，参加者に記入してもらう（写真4－25）。外部講師からは，良かった点と改善点について生徒一人一人に伝えてもらう。 写真4－25　アンケート ・次の会への意欲が高まるよう，参加者からの感謝のメッセージを伝える。 ・参加者からのアンケートを基に次回の会に向けての改善点に気付かせる。 ・自己評価，他者評価，相互評価を行い，自己肯定感を高める。 ・会だけでなく，日常的に相手を思いやる気持ちが大切であることを伝える。

（7）本時の目標

・「おもてなし会」の流れに見通しをもち，友だちと協力し自らの役割に責任もって活動することができる。

・身だしなみを意識し，丁寧な挨拶や言葉遣いでおもてなしをすることができる。

（8）本時の活動

学習活動	指導上の留意事項
1　あいさつ 2　本時目標や活動の確認  写真4－26　生徒の様子 3　お茶出し 4　ゲーム 5　お礼の手紙，プレゼント渡し 6　写真撮影 7　振り返り 　・外部講師からの評価 8　あいさつ	・本時の目標が意識できるよう，ポイントをホワイトボードに記入しておく。 ・外部講師が項目に沿ってチェックできるよう，チェックシートを作成する。 ・役割を忘れている場面があれば，役割分担表を指差しする。 ・相手に伝わるよう，ゆっくり丁寧に手紙を読むよう促す。  写真4－27　生徒の様子 ・良かった点，改善点を伝え，次への期待感をもたせる。

（9）活動の様子及び成果

　お茶出しの準備をしている間，「お客さん（参加者）を待たせないよう，自分たちのこれまでの様子をまとめた写真を見てもらおう」というアイデアが生徒から出てきました（写真4－27）。相手の立場に立って考えることができた場面でした。

　Aさんは，日常は教室に入ることが難しいですが，おもてなし会当日は，1時間教室で過ごせ，「はいどうぞ」と積極的にお茶出しをすることができました。「人の役に立ちたい」「人に喜んでもらいたい」という気持ちの表れだと感じました。あこがれを抱いたプロのホテルマンの方からの直接的な指導や評価は，生徒に

とって貴重な経験となり，成長する機会となりました（写真4 - 26）。

　また，相手の顔を見て挨拶することや，身だしなみを整えることは「相手を思いやる行動である」ことを学び，学習場面以外の日常でも，挨拶や身だしなみを意識することができました。

(10) 次単元への発展

①領域・教科名・単元名

　生活単元学習　「卒業に向けて（卒業生を送る会）」

②単元目標

・「卒業生を送る会」で，後輩が喜んでくれるプレゼントを考えたり，感謝の気持ちを伝えたりすることができる。（知・技）

・卒業に向けての準備において，自ら考えたり，選択したりしながら活動をやりきることができる。（思・判・表）

・自分の成長に気付き，卒業生としてふさわしい態度を身に付け実践することができる。（学・人）

③付けたい資質・能力（カリキュラム・マップ「おもてなし」より）

コミュニケーション能力

・自分の意見を伝えたり，相手の意見を聞いたりしながら，クラスの考えをまとめることができる。

相手の気持ちを知ろうとする，相手の立場になって考えようとする姿勢

・活動の内容や方法を決めるために，相手が喜ぶことを聞いたり，考えたりする。

④学びのつながり（生徒の様子）

　令和元年度は臨時休校のため，「卒業生を送る会」は実施できませんでしたが，日々の挨拶の場面でも「相手を見て挨拶する」「身だしなみを整える」など，相手を意識した行動ができるようになりました。後輩から「卒業のプレゼント」をもらうと，「ありがとう」と優しく伝えたり，「これどうぞ」と相手を見て卒業生からのプレゼントを渡したりすることができました。

2−3「おもてなし」　高等部第2・3学年（単一障害学級）

【身に付けたい資質・能力】

前単元	本単元	次単元
アンケートの指摘から，なぜそうなったのか生徒が主体的に話し合い，原因を究明する。	次回のカフェをどのように改善していくか，生徒の主体的な話し合いを通して解決策を見出す。	校外カフェで改善策を実施する。再度アンケート結果から，解決したか，解決していないかを見極め，次の課題に向けて取り組む。

（1）領域・教科等名：作業学習

（2）単元名：「接客サービスⅢ」

（3）生徒の実態

　生徒6名の縦割り編成のグループであり，ADHD，自閉症など障害の状態は様々ですが，生徒同士で様々なことを話し合い，よりよくカフェを運営していこうとする意欲をもっている集団です。年度当初は，声を出すこともやっとでしたが，1学期に片付けをマスターし，2学期は接客でお水出しと注文で聞いたことを厨房に伝えることができ，3学期は，客にコーヒー

写真4-28　生徒の様子

を出すことができるなど，スモールステップで成長した生徒（写真4−28），リーダーとして全体をまとめる役割を担い，自分の意見や気持ちを相手に伝えることができるようになった生徒，自信のなさや恥ずかしさなどから常にマスクをしていたのに，マスクを外して接客を行う姿が見られるようになってきた生徒など，カフェの運営に関わる中で，どの生徒も様々なことを学び，成長することができました。

（4）単元の目標

・各種道具の適切な使い方を理解することができる。（知・技）

・自分の役割に責任を持ち，最後まで取り組むことができる。（学・人）

・各種道具を丁寧に扱い，正しい接客態度を身に付けることができる。（知・技）（思・判・表）

・顧客に対する挨拶や言葉遣いを身に付けることができる。（思・判・表）

（5）本単元で身に付けたい資質・能力（カリキュラム・マップ「おもてなし」より）

相手の気持ちを知ろうとする，相手の立場になって考えようとする姿勢

・相手の立場になる経験や，アンケートの結果を基に，活動をよりよくしようとする態度を身に付ける。

人の役に立つ経験・自己肯定感

・地域の人たちに，商品やサービスを提供し，評価される経験をする。

（6）単元計画（48時間）

学習活動	指導上の留意事項
＜接客・サービス＞ ・接客練習 ・校外カフェの企画運営 　　　　実践事例はここ！ ・校外カフェの実施等 ・実践練習	・どのように接客すればお客様が気持ち良い空間と感じるのかについて，ミーティングを通して意見を出し合えるようにする。 ・災害復興・地域貢献について考えさせることでカフェの意義や目的を再確認する。 ・目標に対して，実施した結果を生徒が評価し，生徒の話し合いによって改善する点を挙げられるようにする。

（7）本時の目標

・前時のアンケート結果から，その結果を招いた理由，適切な対応方法などについて自分の意見を述べ，話し合うことができる。（学・人）（思・判・表）

・現時点での到達度を視覚的に確認し（ルーブリック評価表などを活用），次回のカフェにおける目標や取組方法をグループで考える。（思・判・表）

（8）本時の活動

学習活動	指導上の留意事項
1　挨拶（リーダー） 2　本時の内容を確認する。 3　改善策を考える。（リーダー司会） 　①　前回の課題を確認する。 　②　付箋を使用し，個人で考える。 　③　フレームワークに付箋を貼り付け，全員の意見を共有する。 　④　発表し，同じ意見をまとめる。 　⑤　改善策を導き出す。 4　振り返りをする。 5　挨拶（リーダー）	・グループミーティングで，前回のカフェで出た課題に対する改善策を考えることを押さえる。 ・一つの付箋に一つの意見を書くことに留意させる。 ・リーダーが全員から意見を引き出すことを意識しているか見守る。 ・出た意見を分かりやすく整理するため，フレームワークを活用する。 ・結論を一つに導くのではなく，それぞれ出た意見のメリットやデメリットを考えさせる。 ・必要な時は，導き出した改善策が妥当なものであるかを確かめるためにシミュレーションを行う。

（9）活動の様子及び成果

　前回のカフェで出た課題について，付箋に書き出しました。

　生徒Eが，アンケート結果から声が小さかったという課題を書き出しました。その課題解決のために何を取り組むべきかを全員で話し合い，様々な意見の中から，「声出しの練習をしよう」という改善策が決定しました（写真4－29）。次回のカフェまでの間，登校してきた児童生徒に挨拶を行うことで，声の小ささを解決できるのではないかという具体策（写真4－30）を設定し，練習に取り組むことになりました。また，生徒Fが，テーブルに使用済みの紙コップがあったという課題を書き出しました。生徒たちが話を進めながら，解決策を考え，「気が付いた人がすぐに声を出し，紙コップを回収するようにしよう」という改善策（写真4－31）をまとめました。このように，課題を書き出し，その解決方法を全員で話し合いながら，課題解決を行い，次の校外カフェで実施，評価，改善を行うサイクルが繰り返されています。

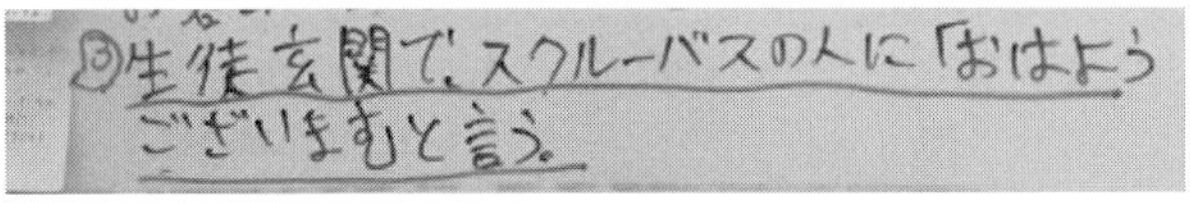

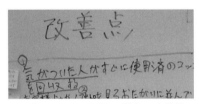

写真4－29　課題に対する改善策

写真4－31　課題に対する改善策

写真4－30　生徒の様子

（10）次単元への発展

①領域・教科名・単元名

　作業学習　「接客サービス」

②単元目標

・各種道具の適切な使い方を理解することができる。（知・技）

・自分の役割に責任を持ち，最後まで取り組むことができる。（学・人）

・各種道具を丁寧に扱い，正しい接客態度を身に付けることができる。（知・技）（思・判・表）

・顧客に対する挨拶や言葉遣いを身に付けることができる。（思・判・表）

③付けたい資質・能力（カリキュラム・マップ「おもてなし」より）

相手の気持ちを知ろうとする，相手の立場になって考えようとする姿勢

・相手の立場になる経験や，アンケートの結果を基に，活動をよりよくしよう
　とする態度を身に付ける。

人の役に立つ経験・自己肯定感

・地域の人たちに，商品やサービスを提供し，評価される経験をする。

④学びのつながり（生徒の様子）

　令和元年度にオープンしたカフェ「いこい」は，計画─実施─評価─改善のサ
イクルを繰り返すことで，カフェの意義や目的から，お客様が満足しているか，
くつろぐことができる環境設定ができているかなどの視点で課題を発見すること
ができるようになりました。生徒たちは課題を解決するための話し合いを重ねる
ことを通して，自分の意見を言ったり，時間内で改善策などをまとめたりできる
ようになってきています（写真4－32）。これは，他教科での話し合いの場面で
も生かされています。例えば，AとBの二つの意見が出されたときに，AかBど
ちらかで決めるのではなく，AとBどちらのメリットも生かすことができる方法
を考え，お互いの生徒にとって，満足度の高い答えを求めることができるように
なってきました。

　令和元年度のこのグループでの取組は，地域に広がり，平成31年度障害者週
間啓発事業のイベントに参加要請があり，実行委員会に加わらせていただくこと
になりました。本校から，高等部第2・3学年の作業学習グループ「布工」「食品」
「クラフト」「木工」が参加し，木工グループでは，有機農家の収穫祭，幼稚園等
での木工教室などに続いて，参加型プレゼンテーションを実施しました（写真4
－33）。

　校内で培った知識・技能を生かした地域貢献，地域協働の取組となりました。

写真4－32
ミーティングの様子

写真4－33　木工グループによる
参加型プレゼンテーションの様子

⑤ 児童生徒の学びをつなぐ教科等 横断的なカリキュラム・マネジメント

1．新学習指導要領を踏まえた課題意識

（1）カリキュラム・マネジメント

　中央教育審議会（2016）は,「カリキュラム・マネジメント」についてはこれまで,教育課程の在り方を不断に見直すということが重視されてきましたが，資質・能力の育成を目指し，教科等横断的な視点での学習や，教科等間のつながりを捉えた学習の重要性について言及しています。新学習指導要領（文部科学省，2017；文部科学省，2019）では，カリキュラム・マネジメントには三つの側面があると示されています。そのうち一つ目の側面，教育の目的や目標の実現に必要な教育の内容等を教科等横断的な視点で組み立てていくことが，重要ではないかと考えました。

（2）全ての教職員による組織的取組

　中央教育審議会（2016）は，カリキュラム・マネジメントは全員の参加により学校の特色を創る営みであり，教科等や学年を越えた組織運営の改善が必要であること，教育課程全体の中での位置付けを意識した授業が大切であるとしています。また，新学習指導要領解説（文部科学省，2018）によると，教育課程編成の手順は一律ではなく，各校で創意工夫を凝らす必要があること，丹野・武富（2018）は，教育課程の編成・実施・管理・評価・改善のサイクルを全ての教職員が共有できる仕組みが必要であるとしています。

（3）各教科等の内容等の取扱い

　新学習指導要領の前文にある，公教育における教育水準の確保という指導要領の役割から，各教科等の内容等に関する事項は，特に示す場合を除きいずれの学校においても取り扱わなければならないとされています。すなわち，内容に関する事項は全て取り扱う必要があります。その上で，各教科の段階に示す内容を基に，障害の状態や経験等に応じて，具体的に指導内容を設定しなければならないとしています（中村，2019）。

２．教育課程編成に関する課題と取組の目的

（１）教育課程編成に関する本校の課題

　①縦の系統性だけでなく，横の関連性の視点を持つこと

　②課題意識の共有と組織的に取り組むための仕組みを作ること

　③内容等の取扱いに関する事項を確実に踏まえること

（２）取組の目的

　①カリキュラム・マネジメントの側面の一つである教科等横断的な視点で，

　②教職員で組織的に，

　③内容等の取扱いに関する事項を確実に踏まえて，　<u>教育課程編成に取り組む</u>

３．教育課程編成の手順を考える

　丹野・武富（2018）が述べている次の３点を踏まえ本校でも取り組みました。

・いつ，どこで，誰が，何を教えるのか，教育課程全体を俯瞰できる視点を全
　員が共有できる仕組みの工夫が必要である。

・〇月に，どの教科が，何を教えているのかを付箋などに記し，一覧にするこ
　とで，他教科との関連が明確になる。

・学習内容を相互に関連付けるだけでなく，教育課程を共有し，全員が協働し
　改善・編成する学校文化を育成する。

　そのようにして内容の配列に深い意図をもたせ，「なぜ・なんのために」学ぶ
のかを子供が理解するための「学びの文脈」(学ぶことの目的や自分にとっての「意
味」や「関連性」をつかむこと）を作ることを大切にしました。実際に行った教
育課程編成の手順を，次のとおり示します。

（１）手順１：行事や「コア教科」を指導内容配列表に

　手順１では，行事や教科間が関連するための中核となる教科として本校が設定
した教科（以下，コア教科）を指導内容配列表（以下，配列表）に並べました（図
５－１）。配列表とは，縦軸に各教科等，横軸に月をとり，最終的につなげた時

例	4	5	6	7	9	10	11	12	1	2	3
行事	遠足	運動会		校外学習		修学旅行	学校祭				
コア教科	▨	▨	▨		▨	▨		▨	▨	▨	
教科											

図５－１　行事とコア教科を指導内容配列表に並べる

に学年で1枚になるようにしたものです。手順1は，教育企画部で行いました。まず，行事として毎年度決まった時期に行うものを書き出しました。そして，各学部で児童生徒の学習の核となる教科等は，教科間の横のつながりに深く関わるのではないかと仮説を立て，コア教科として設定しました。小・中・高等部で設定したコア教科について，後述の手順の2〜5に当たる部分を事前に教育企画部が経験することで，理解を深め，その後の編成を進める際にスムーズにできるのではないかと考えました。また，高等部のコア教科は，教科とは呼ばないものも含め多岐にわたるため，教育企画部や進路指導担当の教職員等，組織的に全体で検討していく必要があると考え，自主参加のカリマネ会（詳細は次節）を立ち上げ，その中で協議しました。

（2）手順2：各教科の指導内容を書き出す

手順2では，各教科の指導内容を書き出しました（図5-2）。この手順2から手順7まで，全教職員が関わり，手順6までは学部に分かれ，担当教科ごとのグループで進めました。年間指導計画を見ながら，指導内容を付箋に書き出し，それを手順1で配列表に並べた行事とコア教科の下の1行に貼り，並べました。この手順のねらいとしては，同じ学部に所属していても他学年の内容については知らない部分もあるのではと考え，年間指導計画の内容を付箋に書き写すという単純な作業を通して，学部内を俯瞰することで，知ったり，気付いたりすることができると期待しました。実際，「同じような内容を違う学年でも取り扱っている」

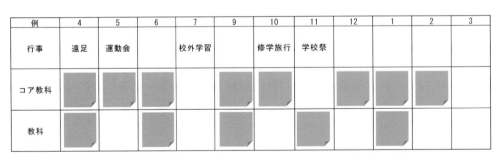

※一つの単元・題材で付箋は1枚。
※付箋の書き方は右の通り。
　上に単元・題材名を書く。
　その下に，指導内容を分けられる範囲で書く。

単元・題材名
・内容1
・内容2
・内容3

図5-2　各教科等の年間指導計画の内容を指導内容配列表に並べる

などの気付きも挙げられました。

（3）手順3：学習指導要領の内容との対応

　手順3では，本校の指導内容と新学習指導要領の内容との整合性を見ました（図5－3）。教科等横断的視点で，そのつながりを大切にしていますが，内容の関連が認められれば何でもよいのではなく，学習指導要領を基にした内容により，根拠を持って説明できることが必要となります。また，新学習指導要領への移行を見据え，その中身の理解を全教職員が深める必要があると感じました。そこで，熊本大学教育学部附属特別支援学校（2019）の指導内容

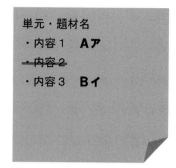

図5－3　年間指導計画の内容と学習指導要領の各教科の内容との対応を確認する

確認表を活用しながら，手順3を進めました。手順2で付箋に書き出した指導内容の横に，指導要領のどの内容や項目に当たるものかを，記号等により記しました。当てはまった内容・項目については，指導内容確認表にチェックをしました。

（4）手順4・5：全ての内容を取り扱うために

　手順4・5は，新学習指導要領を踏まえた三つ目の課題意識から，学習指導要領の全ての内容を取り扱うために行いました。手順3で指導内容確認表（熊本大学教育学部附属特別支援学校，2019）にチェックが付かなかった内容・項目があるとき，すなわち内容等の取扱いに関する事項を満たしていないこととなります。よって，それらの内容を基にして，どのような指導内容が新たにできそうかを具体的に考え，付箋に書き出しました。ここではただ単に内容を追加すればよいのではなく，「学びの文脈」を意識し，年間の学習の流れ等を考慮しながら取り扱えるように進めました（先述のとおり，コア教科の手順2からこの手順5までを，手順1で事前に行いました）。また，教科別の指導と各教科等を合わせた指導があるため，双方を俯瞰しながら進める必要もありました（例えば，国語の指導内容としては取り扱っていないが，生活単元学習の中で取り扱っているかもしれない，という状況も想定して行いました）。

（5）手順6：コア教科との関連（重要）

　重要だと考える手順6では，コア教科との関連を見ました。行事やコア教科と，担当の教科等との関連・つながりを見て，教科等横断的な視点で内容配列を見直しました。その関連を考え，指導する時期を変更した教科等もありました。

（6）手順7：全教科等間の関連（重要）

　併せて重要だと考える手順7では，全教科等間の関連を見ました（図5－4）。

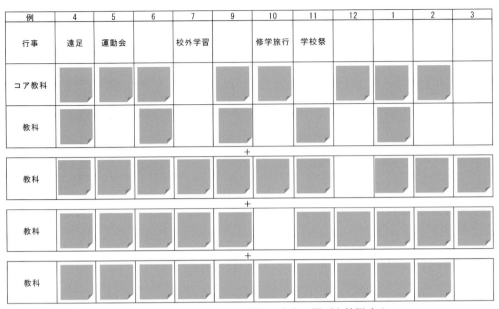

例	4	5	6	7	9	10	11	12	1	2	3
行事	遠足	運動会		校外学習		修学旅行	学校祭				
コア教科	▨	▨	▨		▨	▨		▨	▨	▨	
教科	▨		▨		▨				▨		

+

| 教科 | ▨ | ▨ | ▨ | ▨ | ▨ | ▨ | | | ▨ | ▨ | ▨ |

+

| 教科 | ▨ | ▨ | ▨ | ▨ | ▨ | | ▨ | ▨ | ▨ | ▨ | ▨ |

+

| 教科 | ▨ | ▨ | ▨ | ▨ | ▨ | ▨ | ▨ | ▨ | ▨ | ▨ | ▨ |

図5−4　当該学年の全教科等の内容の配列を俯瞰する

　この手順は，学部別の学年別グループで行いました。手順6まで教科に分かれて行ってきたものを全て貼り合わせ，図5−5のように一枚の表にしました。教科等横断的視点で全教科等の内容配列を俯瞰することで，「他教科ではこんな内容を学習しているのか」などの気付きもありました。手順の6・7では，「なぜ・なんのために」学ぶのか，「学びの文脈」を整理し，創りました。教科等を越えた関連性をもたせることで，児童生徒の「学びやすさ」を担保できると考えました。また，教職員の多様な視点から教科等間のつながりへの意見を出すことで，その視点を共有し共通理解を図り，暗黙知を言語化することで形式知にしていくことができると考えました。結果として児童生徒の「学びやすさ」のために必要な教師の「教えやすさ」にもつながると考えました。

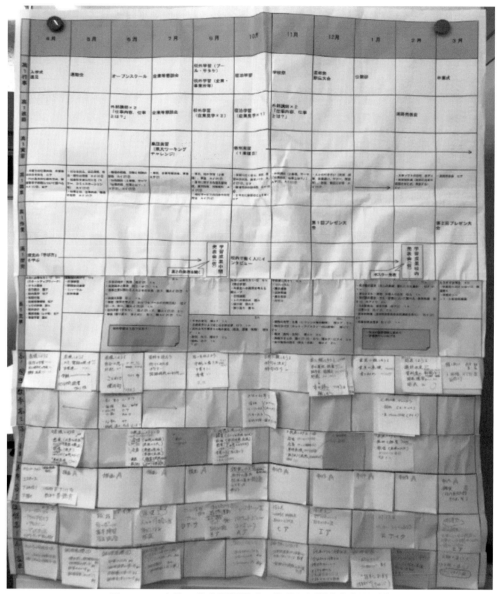

図5-5　実際に教育課程編成で作成した指導内容配列表

4．アンケートによる取組の評価

　令和元年度新たな取組に対し，教職員へのアンケート調査を実施した結果は表5-1のとおりです。課題や目的として設定した3点に関しては，概ね良い評価を得られました。また，自由記述による回答をキーワードにより分析すると，「教科を越えたつながり」「つながりをつくり，知っておく」「連続性・系統性」「全員で関わる」「全員が意見を出す」「新学習指導要領を知るきっかけ」，などがありました。

表5−1　教育課程編成に関してのアンケート調査の結果

教育課程編成（＝各教科の単元や指導内容の検討など）について

	4 当てはまる	3 やや当てはまる	2 やや当てはまらない	1 当てはまらない	平均値
① 教科間のつながりを意識しながらできた。	15	21	3	1	3.3
② 教育課程編成に関わっている実感があった。	15	19	5	1	3.2
③ 新しい学習指導要領の中身の理解が進んだ。	7	21	11	1	2.9

5．まとめ

　1点目は，教科等横断的な視点での教育課程編成のためには，コア教科との関連や，当該学年の全教科等とのつながりを見ることで，「学びの文脈」を創るとともに，暗黙知を形式知にできました。また担当教科だけでなく，全教科等を俯瞰できる仕組みも重要であると考えました。2点目に，全教職員による組織的な教育課程編成のためには，「様々な場・集団での多様・多重な協議」により，共通理解を図ること，主に「少人数での取組によって当事者意識を高め」，考えや気付き，想いを言える場の設定が重要です。3点目に，今後は本取組を踏まえた教育課程の PDCA サイクルを確立することが求められます。

※本節は，若松・常森（2020）を基にして執筆しました。

【参考文献】
中央教育審議会（2016）幼稚園、小学校、中学校、高等学校及び特別支援学校の学習指導要領等の改善及び必要な方策等について（答申）.
熊本大学教育学部附属特別支援学校教材掘りおこしプロジェクト（2019）指導内容確認表. 熊本大学教育学部附属特別支援学校 Web ページ,2019 年3月4日他,https://www.educ.kumamoto − u.ac.jp/˜futoku/ict.html（2019 年 11 月9日）.
文部科学省（2017）特別支援学校小学部・中学部学習指導要領.
文部科学省（2018）特別支援学校教育要領・学習指導要領解説総則編（幼稚部・小学部・中学部）.
文部科学省（2019）特別支援学校高等部学習指導要領.
中村大介（2019）新学習指導要領と「各教科等を合わせた指導」. 特別支援教育研究, 740, 2 − 5.
丹野哲也・武富博文（2018）知的障害教育におけるカリキュラム・マネジメント. 東洋館出版社.
若松亮太・常森俊夫（2020）カリキュラム・マネジメントの教科等横断的な視点に基づく知的障害教育における教育課程編成−組織的かつ各教科等の内容等の取扱いに関する事項を踏まえて−. 広島大学大学院教育学研究科附属特別支援教育実践センター研究紀要, 18.

❻　教員の自主的な活動「カリマネ会」

1．「カリマネ会」の経緯と目的

　「カリマネ会」とは，高等部教職員による自主参加の，教育課程編成のための会です。

　毎年，年末年始にかけて，校長から次年度の本校のテーマが発表されます。平成30年度のテーマは，「協働」でした。「児童生徒が協働」「教職員が協働」「地域と協働」等，本校ができる「協働」とは何か，様々な場・集団において多様・多重な協議（例：3Mプロジェクト）を行いました。令和元年度のテーマは，「創造」でした。昨年度までの「協働」をベースに，各々が新たなものを「創造」できるよう取り組んできました。カリマネ会は，その取組の一つです。

　前節のとおり，令和元年度の教育課程編成は，学部に分かれ，担当教科ごとのグループにより進めました。平成30年度に，特別支援学校小学部・中学部学習指導要領（文部科学省，2017）を踏まえた教育課程編成に取り組んだ小・中学部を除き，高等部では，令和4年度からの特別支援学校高等部学習指導要領（文部科学省，2019）（以下，新学習指導要領）の完全実施を見据え，令和元年度の教育課程編成において，これまでの年間指導計画等を大幅に見直す必要があると考えていました。高等部では，基本的に教科担当制で授業を進めていますが，生活単元学習，国語，数学，音楽，美術，保健体育，家庭を除く，コア教科に設定した職業，総合的な探究の時間及び特別活動に関しては，明確な担当者がいないため，教育企画部や進路指導部を含む，多様な教職員により，組織的に検討する必要があると考えました。

　カリマネ会を進める際に大切にしたことが二つあります。1点目は，教職員が協働し，学び合ったり，高め合ったりできる組織となることです。そのためには，少人数での取組による当事者意識の向上が効果的です（若松ほか，2019）。カリマネ会を，月1回程度の自主参加の会（各回の参加率は3〜5割程度。参加したことのある教職員は高等部全体の6割以上）とすることで，これまでは発信する場がなかった，「課題だ」「変えたい」という思いを，実行に移す場を作ることができると考えました。2点目は，考えたり，話し合ったりするだけでなく，スピー

ディーに物事を決め，実現できる組織となることです。そのために年度当初には，カリマネ会は教育課程編成のためのサテライトの組織の一つであり，そこでコア教科についての検討を行うと明示しました。

　前述のとおり，主にカリマネ会では，「職業」「総合的な探究の時間」「特別活動」で取り扱う内容や年間指導計画等，教育課程編成を行ってきました。本節では，「職業」及び「総合的な探究の時間」について，協議した内容，方法，結果等について記します。「特別活動」については，第2部第3章1節にて，キャリアノートとの関連から取り上げます。

2．教科「職業」について

　前節のとおり，教育課程編成は，まず各学部のコア教科について，指導内容配列表に並べることから始めました。高等部においては，カリマネ会で，令和元年度の教科「職業」の年間指導計画を付箋に書き出し，新学習指導要領との対応を明らかにしました。また，進路や実習の3年間の流れと関連付けながら，職業の年間指導計画の配列を検討しました。その過程で，参加した教職員からは，「～の内容は，別の教科で扱った方がよいのではないか」「取り扱っている指導内容が，学習指導要領の～の項目に偏っているのではないか」などの気付きや意見が挙げられました。また，国語，数学，音楽，美術，保健体育，家庭の教育課程編成を進める際に，カリマネ会で職業の教育課程編成を通して，その進め方を理解した教職員が，各教科で中心となって進めていました。

　平成30年度，高等部第2学年の教科「職業」の授業において，「じぶんMAPシステム」（横浜市立日野中央高等特別支援学校自立活動指導部，2017）に取り組みました。取組後の生徒のアンケートには，「じぶんNAVIは自分にできること，足りないことが分かり，良いツールだと思います。キャリア相談会は他の人からの細かいアドバイスが参考になるし，自分にも他の人にもためになる」など，非常に多くの肯定的な意見がありました。そこで，次年度以降も本校の継続的な取組にしてはどうかと考え，カリマネ会で他学年の教職員にも紹介しました。同題材を，平成30年度の校内授業研究会において教材として取り扱ったこともあり，教職員間でスムーズに合意を形成することができ，高等部第2学年の年間指導計画に反映されることとなりました。また，高等特別支援学校ではない「本校ができるものに改変してはどうか」との意見から，自己評価及び教師による評価のためのツールである「じぶんNAVI」の本校版を作成することとなりました。協議を通して，評価項目・内容に「相談」「集中力」「体力」を新たに追加したり，ルー

ブリック評価の段階を4から5に細分化し，その基準を新たに設定したりして，「じぶんNAVI（三原特支版）」（P74 ～ 75，図6 － 1参照）が完成しました。

　上記は，先駆的取組が汎用化されるだけでなく，本校において適切であろう内容や方法に発展された事例の一つです。教職員の協働により，学び合い，高め合うチーム学校の創造に向けて，カリマネ会が効果的であったことが分かりました（若松ほか，2019）。

3.「総合的な探究の時間」について

　新学習指導要領の実施に伴い，総合的な学習の時間から総合的な探究の時間への移行についても，カリマネ会で協議を進めました。総合的な探究の時間の第1の目標でもある，「自己の在り方生き方を考えながら，よりよく課題を発見し解決していく」（文部科学省，2018a）ための資質・能力を生徒に育成するには，「現状の指導計画では課題があるのではないか」と提案したところ，その回のカリマネ会に参加していた全員が，同様の課題を感じていることが分かりました。文部科学省（2018b）を基に，探究における生徒の学習の姿（図6 － 2）や，目標を実現するにふさわしい探究課題として例示されている四つの課題について共通認識を図りながら，知的障害のある本校の生徒にとっての「探究」とは何かということについて，数回にわたり協議を重ねました。その中で，探究の過程やその学びのサイクルは大切にしたいことであると，何度も確認をしながら意見を出し

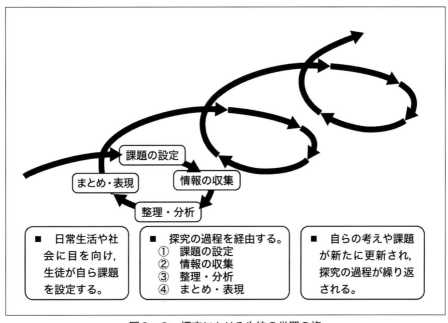

図6－2　探究における生徒の学習の姿

じぶんNAVI（三原特支版）

NO		項目	内容	ステップ1	ステップ2
1	自己管理	出席の状況	社会人にふさわしい出席の状況で、予定があれば事前に自分から連絡・相談する	当日突然の欠席・遅刻・早退が週に1回程度ある	当日突然の欠席・遅刻・早退が月に2回程度ある
2		時間の管理	自分で時計を見て、決められた予定を守って行動する	声をかけられて、次にやることが分かると行動している	チャイムに気付き、行動している
3		指示を守ること	活動の内容や指示を覚えたり、またはメモを活用したりして正確な行動をする	指示を聞こうとしている	指示の内容が分かる
4		ルール	ルールやマナーを守って生活や学習をする	ルールがあることを知っている	ルールの内容が分かる
5		みだしなみ	社会人にふさわしいみだしなみをしている	声掛けを聞いて、授業に応じて着替えたり、服装を変えたりしている	指定された服装が分かる
6		集中力	働くために必要な集中力がある	指示された作業を1時間続ける	指示された作業を2時間続ける
7		体力	働くために必要な体力がある	座った状態で1時間以上継続して作業できる	立った状態で1時間作業する
8	コミュニケーション	あいさつ・返事	自分から相手や場面に合わせたあいさつ・返事をする	あいさつをされると相手を見たり、身体を向けたりしている　声をかけられると、うなずいている	あいさつをされると、おじぎでこたえている
9		報告	自分から内容や場面に合わせて、タイミングよく報告する	やることが終わると、その場にいたり、先生や生徒を見たりしている	先生から声をかけられると、報告している
10		質問	言葉で自分の考えを相手に伝えたり、相手の考えを分かったりする	理解できないところに気付いている	質問の内容を考えている
11		相談	困った時に、自分から相談する（報告ができてから、相談もできるようになる）	困っていることに気付いている	相談する相手が分かっている
12		言葉づかい	自分の立場や場面、相手との関係を考えて、適切な言葉づかいをする	「です、ます」をつけた話し方を知っている	声をかけられると、「です、ます」をつけた話し方をしている
13	行動・工夫・協力	自分からの行動	自分でまわりを見て考え、指示がなくても行動する	毎回、指示が出てから行動している	周囲の様子を見て、誰かと一緒に行動している
14		工夫	マニュアルを守ったうえで、スピードや正確さをアップさせるやり方の工夫をする	マニュアルを見て、行動している	マニュアルを守って行動している
15		チームワーク	グループでの活動の目的や自分の役割を理解して行動している	支援を受けて、一緒に行動している	自分の役割を理解して行動している
16		リーダーシップ	グループで活動するとき、役割分担や、やることの順番を考えたり、決めたりする	自分の役割を決めている	役割分担や、やることの順番を考えている

図6-1　じぶんNAVI（三原特支版）

高等部(　)年(　)組　　氏名(　　　　　　　　　)

ステップ3	ステップ4	ステップ5
当日突然の欠席・遅刻・早退が月に1回以内である	当日突然の欠席・遅刻・早退が3ヶ月に1回以内である	予定がある場合は，事前に自分から連絡・相談している
自分で予定を確認して，行動している	自分で時計を確認し，予定通りに行動している	終わりの時間から逆算して行動している 「何分後」の指示でも行動している
1日を通して指示の通りに行動している，またはメモを確認して正確に行動している	1週間前の活動の内容や指示を覚えている，またはメモを確認して正確に行動している	たまにしかない活動の内容や指示を覚えている，またはメモを確認して正確に行動している
ルールを守っている	良いこと，悪いことを判断し，ルールの中で行動している	場面に合わせたマナーを守って行動している
指定された服装をしている	清潔で，指定された着方をしている	他の生徒の見本となる身だしなみをしている 身の回りの整理整頓をしている
指示された作業を3時間続ける	指示された作業を4時間続ける	回りの状況に影響されることなく指示された作業を続ける
立った状態で2時間作業する	立った状態で3時間作業する	立った状態で4時間作業する
声をかけられれば，あいさつ・返事をしている	自分から，相手に伝わるようなあいさつ・返事をしている	自分から状況やタイミングに合わせたあいさつ・返事をしている
やることが終わるとそのたびに報告している	場面に合わせたタイミングで報告している	その時の状況や対処法なども一緒に報告している
「〜でいいですか？」などの「はい，いいえ」で答えられる質問をしている	自分の考えを伝えながら質問している	相手の考えを理解し，質問からやり取りをしている
困っていることを伝えている	困っている内容を具体的に伝えている	問題の解決策や自分の考えをセットにして，相談している
「です，ます」をつけた話し方をしている	自分の立場や場面を考えて，言葉づかいの使い分けを意識している	尊敬語や謙譲語などを交えながら言葉づかいの使い分けをしている
指示内容をくりかえし聞きなおして行動している	決まっている，すでに分かっていることは指示がなくても行動している	指示がなくても伝えられていないことは自分で聞いたり，見たりして行動している
スピードや正確さのアップさせるために何をしたらいいか考えている	スピードや正確さのアップを目的に，やり方を工夫して行動している	スピードや正確さのアップを目的に工夫したやり方を説明している
活動の目的が分かっている	自分の役割ではなくても人手が足りないなどの場面で手伝っている	報告・連絡・相談をこまめに行い，グループ内で情報の共有をしている
役割分担や，やることの順番について意見を言っている	意見を参考に，役割分担や，やることの順番について話を進めている	自分から意見をもらい，状況に合った役割分担や，時間を逆算してやることの順番を決めている

合ってきました。出た意見のキーワードを紐解くと,「地域」「社会貢献」「自己実現」「職業」「働く」「横断的・総合的な課題」が挙げられました。そのため, 指導内容については, 文献を参考に「障害者の仕事図鑑」を令和2年度高等部第1・2学年から製作することになりました。具体的には, 本校の生徒が「地域」の障害者雇用に取り組む企業等を訪問し, 当事者や雇用主へのインタビューを想定しています。インタビューの内容として,「働く」ということ,「職業」観や勤労観, 仕事のやりがい, 生きるということ, 夢,「自己実現」等が考えられます。また, そのインタビューを通してできたコンテンツとしての冊子を「地域」へ発信することで, 企業開拓や障害者雇用の促進につなげ,「社会貢献」や「横断的・総合的な課題」の解決の一助となりたいと考えています。前述のキーワードは,「」(かぎかっこ) で示すように, 全て含まれる内容 (図6-3) となっています。そして, 大切にしたいこととして, ①インタビューは目的ではなく, 探究のための手段であるということ, ②約半年を「探究の学び」の一つのサイクルとして, そのサイクルを3年間繰り返す中で, 生徒に探究の「学び方」を身に付けてほしいということ, ③課題に対して探究しながら, 解決していける力を身に付けてほしいということ, などについても, 協議を重ねました。カリマネ会における協議や検討の過程は, 教職員にとっても「探究」であったと感じました。

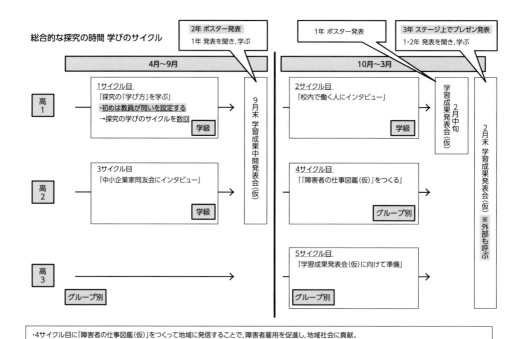

図6-3　総合的な探究の時間　学びのサイクル

【参考文献】

菊地一文・社会福祉法人全日本手をつなぐ育成会（2013）「働く」の教科書－15人の先輩とやりたい仕事を見つけよう！－. 中央法規出版.

文部科学省（2017）特別支援学校小学部・中学部学習指導要領.

文部科学省（2018a）高等学校学習指導要領（平成30年告示）.

文部科学省（2018b）高等学校学習指導要領（平成30年告示）解説　総合的な探究の時間編.

文部科学省（2019）特別支援学校高等部学習指導要領.

大崎上島町商工会（2015）島の仕事図鑑.

大崎上島町商工会（2016a）島の仕事図鑑2「造船・海運」.

大崎上島町商工会（2016b）島の仕事図鑑3「農業」.

大崎上島町商工会（2017）島の仕事図鑑4「地域福祉」.

大崎上島町商工会（2018）島の仕事図鑑5「学びの島」.

若松亮太・中塔大輔・金谷友嗣・多田麻美（2019）教員の協働による, 学び合い, 高め合うチーム学校の在り方－カリキュラム・マネジメントの推進及びセンター的機能の発揮の視点から－. 日本特殊教育学会第57回大会（2019広島大会）ポスター発表 P19－14.

横浜市立日野中央高等特別支援学校自立活動指導部（2017）じぶんMAPシステム　マニュアル. 平成29年度横浜市立日野中央高等特別支援学校公開授業研究会資料

カリキュラム・マネジメントとチームづくり

弘前大学大学院教育学研究科　教授　菊地　一文

新学習指導要領と４つのキーワード

　新しい学習指導要領では，学校種別を越えたすべての教育の場のさらなる充実を図るために，「社会に開かれた教育課程」「育成を目指す資質・能力」「主体的・対話的で深い学び」「カリキュラム・マネジメント」の４つのキーワードが新たに示され，総則の構造が整理されました。

　このことを踏まえ，多くの特別支援学校では，４つのキーワードのいずれかを踏まえた学校研究に取り組んでおり，その中でも「主体的・対話的で深い学び」をテーマとした実践研究が比較的多く取り上げられているように思います。学習の主体者である，目の前の児童生徒一人一人の学びを捉え直すということから，より身近な「授業」の改善・充実を図るという切り口が，一教員にとってより関心や課題意識をもちやすいためと推察します。

カリキュラム・マネジメントの受け止め

　「カリキュラム・マネジメント」は，「必要性は感じるが難しいもの」というイメージがあるようで，特に「マネジメント」と聞くと「管理職など特定の立場の方が行うもの」と捉えてしまうことが少なくないようです。しかしながら，実は学校では様々な立場や形のマネジメントがなされてきており，新卒で１年目の教員であっても，学級経営や担当教科における授業計画の立案，ティーム・ティーチング等のマネジメントにかかわっているはずです。さらに中堅からベテランの教員になると分掌や学年，学部といった教職員集団のマネジメントを担い，比較的個業や分業で対応可能なものから多様な他者との協働作業へと，合意形成を図りながら進めていくことがより求められるようになります。このように誰もが目の前にある課題と向き合い，これまでの経験を生かしたり，他者との協働を工夫したりするなどして，解決に努めてきているのです。

　「カリキュラム・マネジメント」はその名称のとおり，「カリキュラム（教育課程）」を「マネジメント（管理・運営）」するもので，学校教育目標等の実現に向けて，教

育内容や時数配当等を踏まえた総合的な教育計画である「教育課程」に基づき組織的かつ計画的に各学校の教育活動の質の向上を図っていくことです。具体的には，この目的に向けて教職員が連携・協働し，学校として改めて「育成を目指す資質・能力」を明確化するなどの作業に取り組み，それぞれの教育活動における意味付けや価値付け，重み付け，関連付けをするなどして，組織的に改善を図っていくものと言えます。「カリキュラム・マネジメント」に対して少し距離感や負担感があるかもしれませんが，実は教職員一人一人の日々の授業等につながるものであり，カリキュラム・マネジメントはその充実のためのチームとしての共同作業と言えるのです。

主体的・対話的で深い学びとカリキュラム・マネジメント

　さて，比較的関心が高いと思われる「主体的・対話的で深い学び」ですが，実際にこのテーマに基づいて，実践研究において，「主体的」「対話的」「深い」という３つの視点を踏まえた「授業の見直しと改善」の取組を進めていくと，その実現は単独の授業では難しいということが共通理解されていきます。また，児童生徒一人一人の必然性を踏まえた「学び」や「育ち」を捉え，各教科の単元等の指導計画の見直しや教科等横断的な視点で「つながり」を見直す必要性が確認されていきます。

　言い換えると，学校で行われる各授業において，次の４点が明らかになっていきます。１点目は，児童生徒本人にとって社会や将来のどのようなことにつながる「なぜ・なんのため」の学びかを明確にすること（そのための地域リソースの活用等を含む）です。２点目は，学んだ結果，児童生徒本人が「どのようなことができるようになった」か，あるいは「どんなことができるようになりたい」と考えたかを捉え，フィードバックしたり，授業等の改善に反映したりすること（学習評価）です。３点目は，児童生徒本人にとって効果的な学びとなるよう，どの時期にどのような内容をつなぐ必要があるかを見直すこと（単元等の指導内容の配列）です。４点目はこれらについて児童生徒本人の目線で可視化し，つないでいくこと（個別の諸計画の活用と本人参画）が大事であることです。これら４点の実現のために，組織的で協働的な取組の必要性が認識されてきているのです。

　このように見ていくと，上記の４点は，学習指導要領等で解説している「カリキュラム・マネジメント」の側面と重なっていることが分かります。すなわち，教職員にとってより関心の高い「授業」の改善と充実を突き詰めていくと，結果として「教育課程」の捉え直しにたどり着くと言えます。なお，この４点について「教育課程を軸に教育活動全体の好循環を生み出す」という視点から有機的につなぐことや，「社会に開かれた教育課程」の実現に向けて，児童生徒一人一人の「資質・能力」の育成を踏まえた「主体的・対話的で深い学び」の充実を目指すという視点から，見直しと改

善を図っていくことが必要です。このように，新しい学習指導要領に示された４つの
キーワードは相互に関連し，目指す方向は同じものと言えます。

今後の充実に向けて

　「カリキュラム・マネジメント」は，児童生徒一人一人を大切にした授業の延長線
上にある取組であることが理解されていくと，「自分」にとって，そして「自分たち」
にとって大切なこととして認識されていきます。この「他人ごと」としてではなく，「自
分たちごと」として捉え，必要性を感じられるかどうかがカギになると思います。

　本書が示すように，教職員一人一人が「カリキュラム・マネジメント」を「自分た
ちごと」として捉え，チームとして児童生徒一人一人のために諸課題に向き合ってい
くことによって，お互いの取組の価値を認め合い，様々なアイデアや新たな試行が生
まれ，教育活動全体の改善と充実につながっていきます。教師自身が変わることで
授業が変わり，学校が変わっていくのです。そのことが児童生徒一人一人の学びや育
ちに影響していき，さらにその取組を広く開くことによって，教育活動の一層の充実
や地域や社会を変えていくことにつながっていきます。このような活気ある学校づく
り，児童生徒一人一人にとっての「十分な教育」の実現のために，まさに教員自身の「主
体的・対話的で深い学び」の姿勢が求められているのです。

第２章
教員の学び合いを促進するチームによる授業づくり

❶ 教員の学び合い～グループ授業研究～

1．グループ授業の概要

本校では，平成30年度から３カ年計画で「三原特支『付けたい力』を目指した授業づくり～チームの強みを生かした授業研究～」を研究テーマに掲げています。平成29年度に教員全員で議論を重ねて作成した「三原特支『付けたい力』」を授業実践に生かすため，従来の授業研究の在り方を見直し，小グループによる授業研究を実施することで授業力の向上を目指しました。

１年間のスケジュールは次のとおりです（令和元年度）。

月	対象	内　容	備　考
4月	全体	教育研究部によるオリエンテーション ・研究テーマ，研究内容等の周知 ・グループ編成方法の説明	アンケート実施① ①「三原特支『付けたい力』」の意識度について（１回目） ②研修内容の要望 ③グループ編成の希望
5月	教育研究部	グループ編成 ・アンケートを基にグループ決定 ・各グループで役割を決める ↑グループ授業研究↓	授業づくり新聞① 授業づくり新聞① 研究テーマ，研究方法等について
6・7月	各グループ	授業研究１ 学校視察１ 　富山大学人間発達科学部附属特別支援学校	

月		内容		備考
8月	全体	全体報告会1 研修会 「チームの強みを生かした授業づくりについて」 富山大学人間発達科学部附属特別支援学校 柳川　公三子 氏	↑グループ授業研究↓	授業づくり新聞② 全体報告会1について アンケート実施② 「三原特支『付けたい力』」 の意識度について（2回目）
9月〜11月	各グループ	授業研究2 学校視察2 富山大学人間発達科学部附属特別支援学校		
12月	各グループ	全体報告会2		授業づくり新聞③ 全体報告会2について
1月	全体	公開授業研究会（1/25）		
2・3月	教育研究部	・研究のまとめ ・研究紀要の作成 ・次年度の研究計画作成		アンケート実施③ 「三原特支『付けたい力』」 の意識度について（3回目）

2．グループについて

①年度初めに行うアンケートで個々の教員が「三原特支『付けたい力』」から育成したい力を選ぶ。

②アンケートを基に学部内で5〜6人のグループを編成する。

③グループの中で，リーダー（1名），授業者（2名），司会者（1名），記録・報告発表者（1〜2名）を決める。

3．授業研究の流れについて

①授業者が，事前協議シート（P85，図1－3）を作成する。

②グループで授業の事前協議を実施する。

③研究授業を実施する。

④事後協議シート（P86，図1－4）を基に，グループで授業の事後協議を実施する（写真1－1）。

写真1－1　事後協議の様子

⑤全体報告会（8月・12月の2回）で全グループが発表する（P89，図1－7）。

４．アンケートの実施について

　「三原特支『付けたい力』（P84，図１−２参照）を目指した授業づくりに関するアンケート」（図１−１）を，年間３回実施し，授業づくりにおける「付けたい力」の意識度を調査し，分析・整理を行います。

平成31年度　教育研究部　アンケート

授業研究の参考とさせていただきますので，次の項目にお答え下さい。

所属	（　小学部　・　中学部　・　高等部　）　（〇をつけて下さい。）

〇今回の報告会，今年度の授業研究について質問します。

1 今回の報告会は，参考になりましたか。	大変参考に なった 4	参考になった 3	やや参考に なった 2	あまり参考に ならなかった 1
（気付き）				

2 今回のグループ授業研究は，今後の授業づくりにおいて参考になりましたか。	大変参考に なった 4	参考になった 3	やや参考に なった 2	あまり参考に ならなかった 1
（気付き）				

〇三原特支『付けたい力』について質問します。

1 三原特支『付けたい力』について理解している。	おおむね理解 している 4	やや理解して いる 3	あまり理解し ていない 2	ほとんど理解 していない 1
（気付き）				

2 単元計画を考える際に，三原特支『付けたい力』を意識している。	おおむね意識 している 4	やや意識して いる 3	あまり意識し ていない 2	ほとんど意識 していない 1
（気付き）				

3 日々の授業づくりを行う際に，三原特支『付けたい力』を意識している。	おおむね意識 している 4	やや意識して いる 3	あまり意識し ていない 2	ほとんど意識 していない 1
（気付き）				

〇今後の授業研究に向けて，御意見等ありましたら，御記入ください。
（授業研究の方法，頻度，グループ編成等）

御協力ありがとうございました。

図１−１　「付けたい力」意識度アンケート

★三原特支で付けたい力★

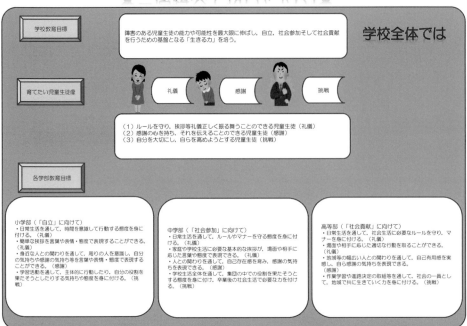

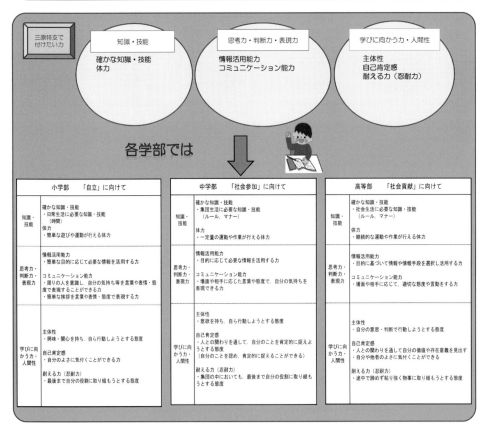

図1−2　三原特支で「付けたい力」

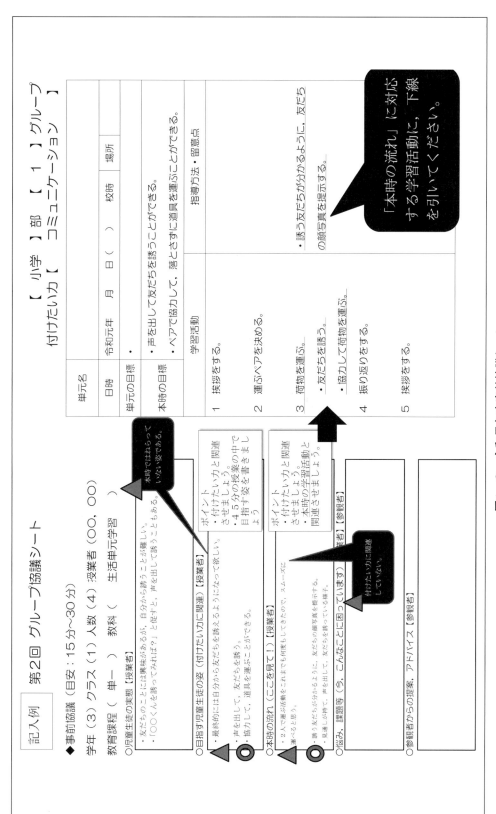

図1-3　令和元年度 事前協議シート

第2回　グループ協議シート

【　　　】部【　　　　】グループ

付けたい力【　　　　　　　　　　　】

◆事後協議（目安：40分〜1時間）

○授業ビデオ上映（15分〜20分程度で）

○本時の授業について（反省，感想等）　【授業者】

> ・
> ・

○本時で付けたい力が身についたか（事前「目指す児童生徒の姿」をもとに）　【参観者】

○感想（よかった所，取り入れたい所など）【参観者】

○その他（提案など）【授業者】【参観者】

図1−4　令和元年度事後協議シート

次年度に向けて改訂する予定

図1−6　（P88 参照）

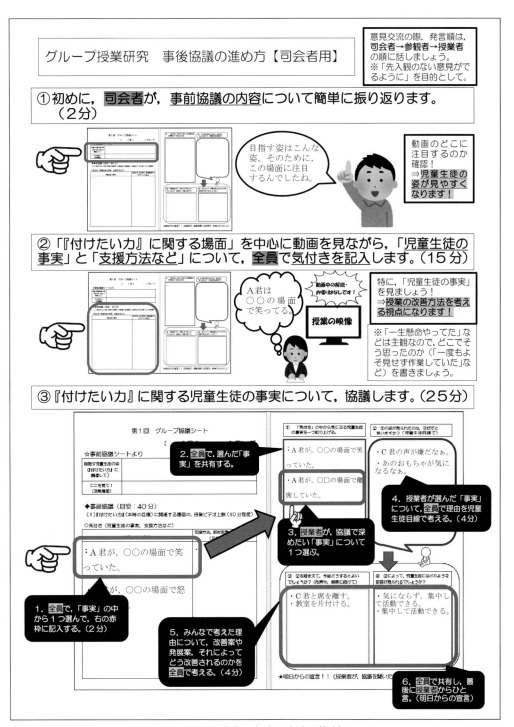

図1－5　令和2年度司会者用資料

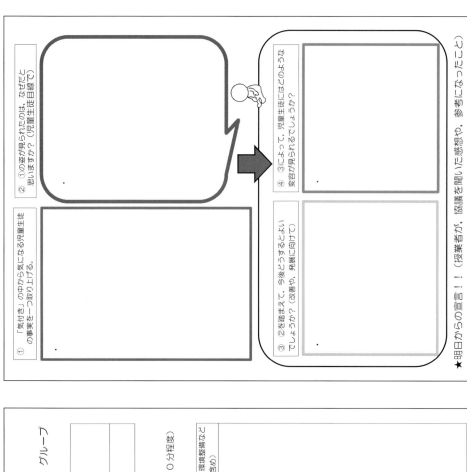

☆事前協議シートより

目指す児童生徒の姿 （『付けたい力』に 関連して）	
ここを見て！ （活動場面）	

◆事後協議（目安：40分）

（1）『付けたい力』（本時の目標）に関連する場面の、授業ビデオ上映（10分程度）

〇気付き（児童生徒の事実、支援方法など）

児童生徒の事実	支援方法、教材教具、環境整備など （アドバイス含め）
・	・

第1回　グループ協議シート

〔　　　〕部〔　　　〕グループ

① 『気付き』の中から気になる児童生徒の事実を一つ取り上げる。

② ①の姿が見られたのは、なぜだと思いますか？（児童生徒目線で）

④ ③によって、児童生徒にはどのような変容が見られるでしょうか？（授業者が、協議を聞いた感想や、参考になったこと）

③ ②を踏まえて、今後どうするとよいでしょうか？（改善や、発展に向けて）

★明日からの宣言！！（授業者が、協議を聞いた感想や、参考になったこと）

図1-6　令和2年度事後協議シート（案）

88

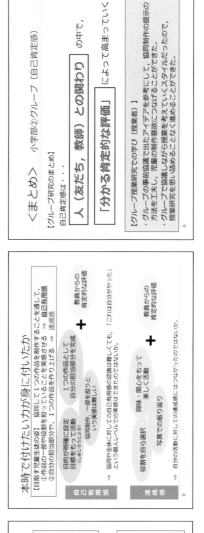

本時の流れ（注目ポイント）

- 自分が塗る部分を選択させ、自分の担当する部分を完成させる。
- 最後に6枚を合体し、1つの作品にする。

役割を担っているという
自己有用感

↑

- 楽しみながら制作を行う。
- 自分の活動を写真をみて振り返る。
- 最後に6枚を合体し、1つの作品にする。

達成感

（選ぶ／塗る／振り返る）

＜まとめ＞ 小学部②グループ（自己肯定感）

[グループ研究のまとめ]

自己肯定感は・・・

人（友だち、教師）との関わり の中で、

「分かる肯定的な評価」 によって高まっていく！

[グループ授業研究での学び（授業者）]

- グループの事前協議で出たアイデアを参考にして、協同制作の提示の方法を工夫し、児童の制作意欲につなげることができた。
- グループで協議しながら授業を考えていくスタイルだったので、授業研究を思い詰めることなく進めることができた。

悩み、課題（ポイントリストを基に）

- あまりルールを設定せずに児童の好きなように制作をしているが、枠組みをどう捉えていくのか。
- 授業の課題設定が簡単すぎないか。
- 将来的に、例えば幾何学模様など、法則性のある名づけなどを制作していく活動につなげたい。

参観者からの提案・アドバイス

- 児童のどんな姿が見たいのかを具体的にイメージする。
  →授業の目標や重点が明確になる。

- 最後に作品を合わせたときに、この作品として認識ができるのか。6分割で作品ではなく、パーツで分けてみてはどうか。
  →1つになったという達成感を感じやすくなるのではないか。

- 写真などを見える名振り返り
  ＋教師の共感
  →自己有用感、達成感につなげる

本時で付けたい力が身に付いたか

[目指す児童（生徒の姿）]
①作品の一部や役割を担当することを通して、
②自分の担当部分の、1つの担当作品分の。

・自己有用感
　目的が明確に設定
　目標をもって活動
　（しまじろうなど）
　→協同作品、一部を担うという認識は難しい
　⇒協同作品に対しての自己有用感の認識は難しくても、「これは自分がやった」という個人レベルでの実感はできたのではないか。

1つの作品として
自分の担当部分を完成
　→自己有用感

教員からの肯定的な評価
　＋

・達成感
　興味・関心をもって
　楽しく活動
　役割を自ら選択R
　写真での振り返り
　→自分の活動に対しての達成感につながったのではないか。

協同制作、1つの担当部分分。
　⇒達成感

教員からの肯定的な評価

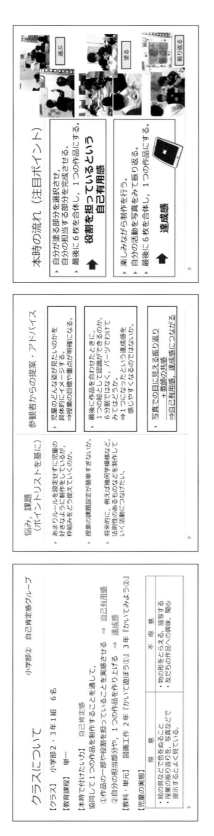

クラスについて 小学部② 自己肯定態グループ

【クラス】 小学部2・3年1組 6名

【教育課程】 単一

【本時で付けたい力】
協同して1つの作品を制作することを通して、
①作品の一部や役割を担っていることを実感させる ⇒ 自己有用感
②自分の担当部分分、1つの作品を作り上げる ⇒ 達成感

【教科・単元】 図画工作 2年「かいてみよう①」3年「かいてみよう②」

【児童の実態】

得　意	不　得　意
・絵の具などで色をぬること	・物の形をとらえる、描写する
・授業の振り返りを、写真など	・友だちの作品への興味、関心
で提示するとよく見ている。	を考えるとよく見ている。

本時の授業の反省・感想等（授業者）

- 自己肯定感にどれだけ結びついたことができたかわからないが、設定と教材の工夫によって、制作の意欲があった。
- 評価時にいつもは見られない表情や姿が見られたのでよかった。
  →写真での振り返りは効果があった。
- 児童が意識をすることなく課題設定に近づくことができるように、授業の方法を考えていきたい。

本時の授業の感想（参観者）

- iPadを使用した導入への児童の反応がよかった。
  振り返って写真をよく見ていたし、ハイタッチや拍手をしたことに出来ない反応が見られた。
- 完成ではなく、誰でもよくできてきる！「いいね」につながる題材であった。 ⇒ 自己肯定感

図1-7　グループ報告例

5．「授業づくり新聞」の発行について

　年間3回「授業づくり新聞」を発　　1・2年目（平成30年度・令和元年度）
行し，授業研究の成果課題や参考になる授業実践について，全体共有しホームページに掲載します。

6．今後に向けて

　長尾（2020）は，「集団は最初からチームの状態ではなく，グループが段階を経て発達することでチームに変わる」と述べています。本校のグループ授業研究も，単なる少人数のグループからチームへの変容を目指しています。

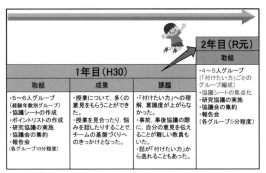

図1－8　　1年目成果と課題から2年目へ

3年目に向けて

　教員のグループによる授業研究は，令和2年度で3年目を迎え，年間半期を1クールとし，全体報告会とアンケート結果から成果と課題を整理しつつ（図1－8），次への改善につなげました（図1－5，1－6，1－9）。

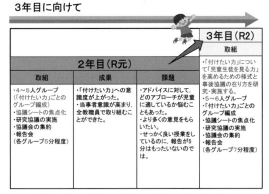

図1－9　　2年目成果と課題から3年目へ

　全教員対象「付けたい力」の意識度アンケート調査では，単元計画や授業づくりにおける意識度が向上しており，各グループで「付けたい力」に係る目指す姿の具体化と共有が進んでいることが分かります。

　今後に向けて，新学習指導要領を踏まえ，後述する児童生徒の学びのプロセスを見取る力を高めていくための方法について，研究を深めていくことが重要です。

7．児童生徒の姿に注目する授業研究へ

　本校において，平成29年度以前の授業研究の方法は，授業者は指導助言を受ける対象者であり，参観者は研究授業の評価を行い，目標設定や支援の在り方などについて感想や意見を述べるというものでした。授業者は受動的な立場でモデ

ル授業を公開しなければならないため，授業者に立候補する者は少なく，選定に苦労していました。また，指導助言者及び参加者から得たアドバイスなどがその場のみの学びで終わることが多く，その後の授業にどう生かされたのかが不鮮明になりがちでした。

　そのような課題を克服するため，「チームによる授業研究」を行うことで教員が主体的に授業研究に参画し，教員同士の学び合いから課題発見・解決するチームの育成と児童生徒の学びの過程を見取る力及び授業力の向上をねらうことができるのではないかと考えました。

　新学習指導要領の施行に伴い，「主体的・対話的で深い学び」が図られると同時に「見方・考え方」を豊かにしていくことが求められます。つまり，これまでのように目標を設定し授業後に達成度を評価する授業評価の在り方で対応することは難しく，児童生徒の学びのプロセスにより注目し，児童生徒の内面に近づくことで児童生徒に対する見方を豊かにしていかなければなりません。同時に，教員も変化の激しい社会情勢を生き抜いていく児童生徒の育成を迫られており，教員自身がより創造的・対話的・主体的に教育活動を充実・発展させていく主体となるべく成長を続けていく必要があります。

　富山大学人間発達科学部附属特別支援学校では，平成 28 年度から「富附特支型研修『学びあいの場』」に取り組んでおり，授業改善策を教えあう授業研究ではなく，「子どもの内面を推察しそれを"聴きあい"，『子どもを見る力』を高めることを目的」とした独自の研修スタイルを開発しています。授業力を高めるには，子供を見る力の向上が不可欠であり，本校のグループ授業研究に「富附特支型研修『学びあいの場』」の実践を参考にしながら，子供を見る力やチームコミュニケーションの質の向上を図っていきます。

【参考文献】
竹村哲監修　柳川公三子編集（2019）実践！特別支援教育のアクティブ・ラーニング. 中央法規出版.
長尾彰（2020）「チーム」はどう成長するのか.（月刊教職研修）. 教育開発研究所.

② 主体的・対話的で深い学び合いの1日（公開授業研究会）

令和2年1月25日（土）に開催した公開授業研究会では，本校で実践してきた教員同士が学び合う力の育成をコンセプトに，主体的・対話的で深い学び合いの1日となるよう，日程の随所に「学び合い」の要素を盛り込みました。

1．概要

①開会行事

校長挨拶，来賓紹介，研究報告

②全クラス公開授業

「三原特支『付けたい力』」の育成を目指した授業について公開しました。授業会場にポスターを掲示し（写真2-1），参観者は気付きを付箋に記入し添付しました。【引き出しを増やす学び】

③高等部生徒によるプレゼンテーション

作業学習について，何をどのようにどんなことに留意して活動しているか，どんなやりがいがあるかなどについて，作業種ごとにブースを作り，ポスターやプレゼンテーションアプリなどを活用して発表しました。さをり織りや木工では，体験コーナーを設け作業を行いながら生徒が説明し，質問に答えるなど，参加者とのやり取りを行いました。【生徒との学び合い】

④授業ポスター発表

全授業のポスターを基に，各会場で授業者によるポスター発表を行いました（写

公開研1日の流れ

真2-2）。貼られた付箋の内容を話題にするなど，参観者との対話を通して学びを深めました。【対話的な学び合い】

⑤講演

「知的障害特別支援学校におけるカリキュラム・マネジメント～子供たちの豊かな学びと授業研究の視点～」の演題で，丹野哲也先生（東京都特別支援教育指導課長）に講演していただきました。終了後は周囲の参加者と感想などを共有する時間を設けました。【カリマネに関する新たな学び】

写真2-1
各教室に掲示した
授業ポスター

⑥参加者との共有

1日を通して「学びの共有シート」に本日学んだことや共有したことなどを個別に記入する時間を設け，周囲の参加者とシェアしました。【学びの共有】

⑦ポスターの掲示

全授業ポスターを集め，一室に貼り出しました。参加者は帰る動線上で，全ポスターを参観することができるようにしました。【三原特支ジャーナル オブ ラーニング ジャーニー～すべてのポスターを見てみよう～】

2．考察

これまでの公開授業研究会は，担当の教育研究部や研究授業の授業者など一部の者が労力をかけて行うものでしたが，全教員が公開授業研究会に主体的に参加することを目指したスタイルに形を変えました。新学習指導要領では，育成を目指す資質・能力や主体的・対話的で深い学びについて示されており，教員の学び

写真2-2
授業ポスター発表の様子

合いを意図した状況づくりが必要となっています。今回はそれらの背景を考えたものであると同時に，教員の主体的で創造的な学校づくりを行う上で，教員のチーム力・組織力を高める必要性もありました。

公開授業研究会の変革を管理職によるトップダウンで進めるのではなく，1日の公開授業研究会でどのようにしたら「参加して良かった」「学び多い1日だった」と参加者に実感してもらえるかを担当教員が考え工夫し実現したこと，その過程が教員の学びであったと考えています。

授業ポスター発表の方法や内容など改善・工夫する余地は多くありますが，その課題は次へと確実につなげ，果敢に挑戦し続ける教員集団であり続けたいと考えています。

COLUMN コラム

今，なぜ「学びあい」なのか？

富山大学人間発達科学部附属特別支援学校　研究主任　柳川　公三子

今，教師に求められることとは？

　新学習指導要領では，21世紀型の新しい教育の必要性が謳われている。「何を学ぶか」「何ができるようになるか」に加え，「どのように学ぶか」が重要視され，主体的・対話的で深い学びの視点からの学習過程の改善が求められている。これを実現するためには，教師の意識改革が重要となる。子供が何をどのように考え，感じているのかという目に見えにくい子供の内面に焦点を当てること，すなわち，「子供の内面（思考）を見る力」が必要とされる。教師が子供の学びの過程に寄り添い子供への働き掛けと観察，見取りを繰り返しながら，深い「学び」へと誘っていくことのできる教師の力量形成が大切なのである。

富附特支型研修「学びあいの場」とは？

　教師の「子供の内面を見る力」を豊かにすることを目指した教員研修プログラム，富附特支型研修「学びあいの場」（以下，「学びあいの場」）を紹介したい。「学びあいの場」では，つい見落とされがちな子供の学びの過程を丁寧に捉え，気になる子供の言動を基に「なぜ○○したのだろう？」と，教師が子供の内面（思考）を推察し，同僚とその解釈を聴き合い，重ね合わせることを主眼に置く。教師同士の対話の中から子供の学びの姿に接近しようとする試みであり，子供の主体的な学びを尊重しながら，教師が自身の「見

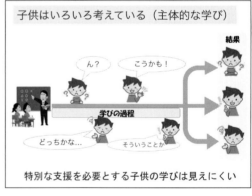

特別な支援を必要とする子供の学びは見えにくい

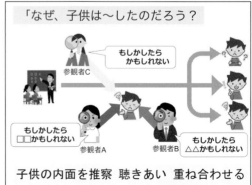

子供の内面を推察　聴きあい　重ね合わせる

方」に気付き，新たな「見方」を学ぶことができるプログラムである。大切にしていることは，教師が互いの解釈を尊重し合い，傾聴するという姿勢である。「私はこのように解釈したけど，あなたはどのように解釈しましたか？」と互いの解釈を聴き合うのである。自分の考えを相手に伝える，押しつけようとする姿勢にならないことが大変重要であり，自分の子供の見方の傾向（癖）にも気付くことができるというものである。

三原特支の今後を見据えた取組に期待して

　現在，三原特別支援学校ではあらゆる面から様々な教育改革が行われている。一つに，前述の新学習指導要領に適う児童生徒のための本質的な学びを追求した取組がある。教師自身の在り方が見直され，単により多くの知識や技能の獲得を目指す授業観から，子供自らが興味・関心をもち，思考，判断しながら課題を発見，解決していく「主体的な学び」や，他者のアイデアや見方，価値観に触れながら，互いを尊重し，多様性を認め合う「協同的な学び」を重視する授業観へと転換が図られている。まさに，今，求められている教師の資質・能力の向上に合致するものである。

　三原特別支援学校の授業研究では新学習指導要領を踏まえ，子供の学びのプロセスに注目し，子供の内面に近づくことで授業力を高めていくこと，同時に，教師自身がより主体的・対話的に教育活動を充実・発展させていくことを目指している。三原特支が取り組んできたグループ授業研究では，授業者が一人孤軍奮闘するのではなく，グループ全員が役割を担い，協同的にグループのテーマや進め方を決定している。この仕組みが，授業研究で教師が主体的に学ぶことを支えている。そこで培った「チーム力」に，さらに「聴き合う」姿勢を取り込んでいくことで，教師同士が互いに尊重し合い，高め合うことを可能とする。そのようなコミュニケーションスキルの向上，ひいては忌憚なく互いの子供の見方や授業観を意見交換できる同僚性の構築が図られる。これは「学びあいの場」の理念と同様であり，今，教師に求められている真の学びの実現を可能にするものである。

　めまぐるしい変化や多様性への対応が求められる学校現場は，ますます多忙化を極める。そんな時代だからこそ，教師が生き生きと学び，子供の学びの過程に寄り添うことのできる学校文化を目指したい。この教師の資質・能力を培う授業研究を，今後も注視し続けたい。共に支え合い，高め合う教師同士の「学びあい」は教育改革の要であると考える。

【参考文献】
竹村哲監修　柳川公三子編集（2019）特別支援教育のアクティブ・ラーニング−子供の内面を捉え，学びの過程に寄り添う教員研修−．中央法規出版．

❋ Coffee Break ❋

ようこそ！

　本校では，新転任者の方が着任される時には，1日でも早く三原特支の「チーム」の一員になれるよう，教職員全員が「ようこそ！」の歓迎の気持ちを込めて迎えています。

　まずは下駄箱で「Welcome！」，更衣室のロッカーで「Welcome！」，そして，職員室の席に着くとまたまた「Welcome！」。

職員室の机上

おかえり！

育休から復帰された先生へは「おかえり！」で

　先生方からは「こんなふうに迎えられたのは初めて！」「とてもうれしい気持ちになる」などの感想が寄せられています。

　また，本校への来校者の方々へも「ようこそ！」の気持ちを込めてウエルカムボードも用意しています。

　来校者には「おもてなし」の気持ちをもって仕事に取り組んでいます。

来校者にはウエルカムボードでお出迎え

音楽鑑賞会では小学部の児童が作った「ようこそ！」でお出迎え

第2部

児童生徒・教員の
キャリア発達を支援する
地域との協働・共創の取組

第1章
地域との協働・
共創を進める取組

第2章
創造的に展開する
地域協働・
共創の実践例

第3章
児童生徒の
キャリア発達を促す
取組の例

第1章 地域との協働・共創を進める取組

❶ 学校運営協議会

　広島県では令和元年度からコミュニティ・スクール（学校運営協議会制度）が導入されました。学校運営に地域の声を積極的に生かし，地域と一体になって特色ある学校づくりを進めていく必要があります。

　本校でも「広島県立学校におけるコミュニティ・スクールの手引き」（平成31年4月：広島県教育委員会）を基に，学校運営協議会委員を10名選任し，年間4回の協議会を企画しました。

　新たな制度をスタートさせるに当たって，先進地域や学校の取組に学ぶため，府中市CS連絡協議会会長　立石克昭氏，株式会社ゆたかカレッジ　川口信雄氏を講師として研修会を開き，地域との関係を強化し本校の強みを生かした学校運営協議会の在り方について考えました。

　まずは，現在進めている地域協働の取組を共有し，本校の学校運営協議会が目指す三つのビジョンづくりを行うことにしました。三つのビジョンとは，①地域と学校が協働して目指す子供像，②目指す地域像，③目指す学校像です。

（1）教員・保護者への「地域と学校」アンケート調査の実施（写真1-1）

（2）学校運営協議会委員と教員によるワークショップ（写真1-2，1-3）

（3）（1），（2）のキーワードから「〇〇像（案）」を導き出す

　学校運営協議会制度が施行され，初年度はここまでで終わりましたが，次年度は学校運営協議会を中心とした地域と学校が一体となって進めるプロジェクトの創設など，夢を高くもちながら進めていきたいと考えています。

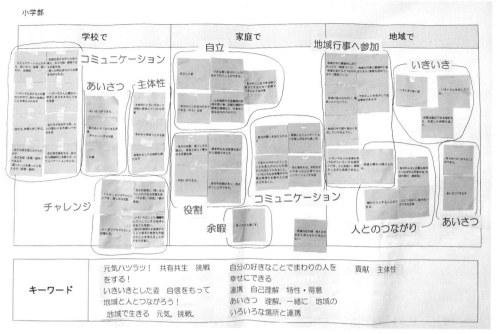

写真1−1　教員アンケート結果から

写真1−2　ワークショップの様子

写真1−3　発表の様子

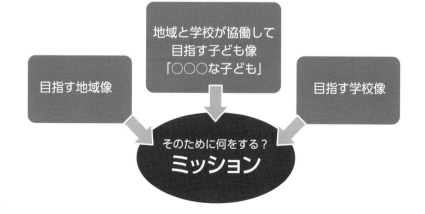

❷　作業学習部会

１．発足の経緯

　本校高等部作業学習は，高等部１年（学年単独）４グループと高等部２・３年縦割り７グループで行っています。週２日間は終日作業学習を設定しています。作業種や作業内容については第２章で詳しく述べますが，ここでは地域協働を目指した組織的な作業学習の取組についてご紹介します。

　高等部作業学習は，これまで各作業種の担当者がそれぞれの考えで授業を行っていました。そのため，作業学習という同じ教科等でありながら，担当者によって展開が異なるものになっていました。今後，それぞれの作業グループが地域との協働を深める活動が増えていくことを想定し，作業グループ同士が情報を共有し連携を深める必要性から，平成30年度に作業学習部会を立ち上げることになりました。

２．目的

・作業学習で付けたい力を共通認識し，実践するため
・作業種ごとに実践報告を行い，成果や課題を共有するため
・地域協働の視点で実践できそうなことを検討するため

３．内容

参加者：各作業種の担当教員
実施日：毎月１回30分程度
議題：
　　①作業学習を通して付けたい力
　　②共通して取り組むことができる指導内容
　　③地域協働の視点で取り組めそうなこと
　　④月１ミーティング・プレゼン大会（「３生徒が運営する作業学習」に記載）
　　⑤実践報告
　　⑥年間指導計画への反映　　　等

4．まとめ

　平成30年度に協議した内容をまとめ，以下の項目について，高等部全職員に周知し，平成31年度から実践し，進捗状況を確認しています。

①作業学習を通して付けたい力

	共通事項		その他
【知識・技能】	・挨拶，返事，言葉遣い		・聞く力 ・感情のコントロール ・指示の確認，正確さ 　（メモを取るなど）
	・報告，連絡，相談		
【思考力・判断力・表現力】	・表現力（アピール）		・計画を立てる力 　（見通しを持つ）
	・考えて動く力		
【学びに向かう力・人間性】	・働く意欲		・態度 ・素直さ
	・忍耐力		

②共通して取り組むことができる

	取　　　　　組
スケジュールを出す（計画等）	カレンダー（年間，学期ごと）の提示
声だし	共通の挨拶文の活用
その他	メモの活用 →振り返りに活用する，生徒の実態によって，携帯させる。

　毎月の会議で，各作業種の進捗状況や指導実践例などを報告したり，小グループで協議し，発表し合ったりすることで教職員同士がそれぞれの取組内容を共有し，課題や方向性について共通確認することができました。

　令和元年度からスタートした生徒による運営会議（月1ミーティング）やプレゼン大会の内容についても，実施に向けた協議を行うことができました。

③　生徒が運営する作業学習

1．経緯

　これまで，本校高等部では作業学習の指導において，「作業内容を把握し，時間いっぱい取り組むこと」や「報告・連絡・相談すること」などが必要と考えている教員が大半でした。新学習指導要領（平成29・30年改訂）では，「主体的・対話的で深い学び」の実現，アクティブ・ラーニングの視点からの授業改善が求められており，従来の作業学習から転換しこれからの作業学習の在り方について論議する必要が生じました。先進校視察などを経て，生徒が主体的に運営する作業学習を目指して，令和元年度から「月1ミーティング」と「プレゼン大会」を実施することになりました。

2．月1ミーティング

（1）目的

　下記の3点を目的とし，生徒に伝えました。

　①自分のグループの取組を他者へ伝え，他グループの取組を知る。

　②生徒同士で，協働（コラボ）できそうな取組を考える。

　③三原特別支援学校を地域の人に知ってもらうために，どんなことができるか　考える。

（2）内容

実施日：毎月第1火曜日　30分程度

議題：

　①各作業種の取組，活動報告

　②見学ツアー（年度当初）

　③オープンスクール，企業等懇談会

　④他グループとコラボできそうなこと

　⑤プレゼン大会　　　等

写真3-1　月1ミーティングの様子

（3）運営

　生徒は，高等部第2・3学年の各作業グループから1名ずつ，教員は輪番で1名参加するようにしました。毎月テーマを設定し，事前にグループ内で検討して

から，ミーティングに参加するようにしています。司会の原稿や進め方等を提示し，生徒主体で運営できるようにしました。記録については，教員が写真を撮影し，話し合われた内容が分かるよう各グループに配付しました（写真3−1）。

（4）成果

　生徒同士で活発に意見交換が行われ，日頃の取組を発表することで自信につながるとともに，他グループへの興味・関心が高まりました。自分が話すだけでなく，周りの様子を見て，話していない生徒に気を配る様子も見られました。他グループとのコラボについて協議した際（写真3−2）は，重複学級の生徒と木工グループがパートナーシップ契約を結び，協働でベンチを製作することになりました。また，布工グループと食品グループによる「さをりポーチ＆クッキー」のコラボも実現しました。

写真3−2　他グループとのコラボについて話し合っている様子

3．プレゼン大会

（1）目的

　自己の目標の振り返り，他者からの評価（アドバイス）により，課題の改善につなげる。

（2）内容

実施日：

　　第1回　　5月（見学ツアー）

　　第2回　　12月（中間報告会）

　　第3回　　2月（年度末報告会）（写真3−3〜7）

　　　発表：各作業種が10分×2回発表を行う。5分間で質問・応答する。

　　　評価：発表を聴きたいグループのブースへ移動し，ワークシートに評価する。

（3）運営

　司会，会場設営，記録（写真），タイムキーパー等の業務について，作業種ごとに担当者を決め，生徒が運営できるようにしました。

（4）成果

　さをり織りや木工の実演，じゃがいもの袋詰めやコーヒーを入れる体験等，各グループ趣向を凝らした発表となりました。4月当初，作業内容について質問され，答えられなかった生徒も，オープンスクールや企業等懇談会など，「他者へ

写真3-3　年度末報告会【食品】

写真3-4　年度末報告会【布工】

写真3-5　年度末報告会【木工】

写真3-6　年度末報告会【農業】

写真3-7　年度末報告会【重複学級】

伝える」という経験を繰り返し，2月のプレゼン大会では，自信をもって答えられるようになり，自分たちで何ができるか考え，伝え，学び合う姿が見られました。

　今後は，生徒による月1ミーティングのテーマ検討や地域の人が参加できる催しの企画に発展させていきたいと考えています。

第2章
創造的に展開する
地域協働・共創の実践例

1 先を見つめるメンテナンス

　平成31年度のメンテナンスグループは，高等部第2学年の生徒3名，高等部第3学年の生徒3名の計6名で編成されています。卒業後の仕事につながる活動であることを意識させるため，大切にしたいこと・意識してほしいことなどを明確にし，生徒が意識を持つことができるように促しています（お互いの

★メンテナンス　チーム目標（3学期）★

全体	状況に合わせた声の大きさであいさつする。
	「さん」付けで呼び合うとともに，ていねいな言葉遣いを意識する。
清掃	自分のやろうとすることや終了の報告をする。
	自分の考えたことを周りに伝える。
	道具を確実に準備する（3人以上でチェック）。
業務依頼	作業内容の確認を行い，チーム内で情報共有をする。

図1－1　メンテナンスチーム目標

氏名の呼び方や言葉遣い，グループは一つの組織体であること，報告・相談等）。

　また，生徒でチーム目標（図1－1）を設定し，取り組ませています。

1．主な活動・取組

（1）校内での活動	
a【校内清掃】 自在ぼうきやモップ，ダスタークロス，スクイージー等の清掃道具の基礎・基本練習やそれらを活用した校内清掃作業	b【外注作業】 教職員からの依頼を受けて行う名刺作成や各種行事等の資料封筒詰め・会場設営等の業務依頼作業
（2）校外での活動	
【校外清掃】 近隣小学校や企業の工場等での校外清掃作業	

年度当初に生徒同士で話し合いを行い，作業学習を通して何を学ぶか，できそうな活動は何かを考えました。その中から（1）「校内での活動（清掃等）」と（2）「校外での清掃」という言葉が出てきました。（1）「校内での活動」では，業務依頼を受けるためにはどのようにしたらよいか生徒間で話し合う中で，「宣伝」というキーワードが出てきました。次に，どのようにすれば宣伝できるのかを話し合いチラシを作ることに決定しました。チラシづくりも生徒主体で行い，キャッチコピーや構成を考えながら完成させました。完成したチラシ（図1－2）は，教職員の個人ボックスに入れることで，他

図1－2　業務依頼のチラシ

学部の教職員にも活動の紹介及び業務依頼を受ける体制を整えました。

（1）校内での活動（校内清掃，外注作業）

①校内清掃活動

校内清掃は，校外清掃活動につなげるための練習の場にもなっています。役割分担や清掃方法等を自分たちで考えて話し合い，決定する場面も設定し行っています。また，作業技術の向上だけでなく，チームワークを重要視し，それぞれの得意・不得意を把握して，仲間と協力して作業することや仲間をカバーする大切さなどを学んでいます。

②外注作業

作成したチラシ配布後，様々な業務の依頼が来るようになりました。校内清掃活動の他，各種会場準備・片付け作業，資料準備等の依頼を受け実施しました。初めて行う作業には苦戦することや失敗することもありましたが，その都度「どこが，どういけなかったのか」などを考えながら行動する姿勢も見られました。

体育館に設置されたシートやイスを片付ける作業等，複数回依頼があるものに対しては，これまでの経験を基に試行錯誤しながらも，進め方（手順）や役割分担を生徒同士で行い，時間短縮するなど変化も見られています。

写真1－1　掲示板を使った広報活動

これらの業務依頼については他の教職員からの協力も得て，業務を依頼する場合には，依頼者に業務依頼書を提出してもらっています。提出された依頼書はメンテナンスグループの掲示板（写真１－１）に掲示し，生徒が内容をチェックできるようにするとともに，どれだけの業務を実施してきたのかが分かるようにしています。

業務依頼書（図１－３）には，作業内容及び注意点や納期が記入してあります。生徒はこの業務依頼を受けることにより，どのように段取りを進めていけば納期に間に合うのかなど，考える力が身に付いてきています。また，自分たちが頼りにされているという気持ちから自覚や責任感も生まれ，意欲にもつながっています。業務終了後は，実施した内容，気を付けた点等を記入した作業報告書（納品書）（図１－４）を依頼者に持って報告に行き，業務を完了させています。この完了報告時に「きれいにしてくれてありがとう」「プロの仕事ですね」と褒めてもらうことで，生徒は自己肯定感がより高まると考えられます。また，この納品書を受け取った依頼者には作業内容や報告の姿勢等をアンケート方式で回答してもらい，振り返りに使用できるようにしています。

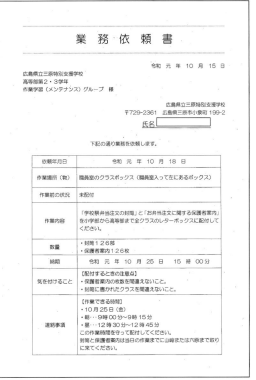

図１－３　業務依頼書

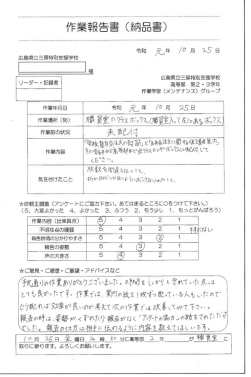

図１－４　作業報告書（納品書）

写真1−2　依頼書による段取り

写真1−3　電話対応

（2）校外での活動（校外清掃）

　校内での清掃で身に付けた成果を校外で実践する機会を，近隣の小学校や自動車学校様にもご協力いただき実施しています。また，令和元年度は三原市役所や企業の工場や事務所等，新たな場所を開拓することができ，9回の校外清掃を実施することができました。校外清掃実施に当たり，毎回実施計画書を作成するとともに，①事前学習⇒②校内練習⇒③校外清掃⇒④振り返り・改善を基本のサイクルとしています。

①事前学習

　当日までのスケジュールや事前打合せ等の役割分担を生徒の話し合い（写真1−2）によって考えさせるようにしています。事前打合せでは，担当生徒が相手先に電話連絡（写真1−3）し，日程調整等を行っています。電話連絡の原稿も基本様式を基に生徒自身で考えさせ，電話応対の基礎等を学んでいます。日程調整後，清掃場所や作業分担，必要な道具，目標等について再びミーティングを開催しています。

②校内練習

　校外の清掃場所の状況に合わせて，校内練習を実施しています。活動の中で生徒が必要と感じた道具や清掃方法の案は，できる限り取り入れられるようにしています。

③校外清掃

　当日は，事前準備を基に清掃活動を実施しています。生徒たちは，毎回緊張感と責任感をもって作業に一生懸命に取り組む姿が見られます。普段の活動時から，状況に応じて教師が指導や指示をする場面と，生徒だけで考えて動く場面とを明確にして活動するようにしています。校外清掃の際は，教師は見守ることに徹し，生徒からの相談等必要な状況のみ指示や声掛けをするようにしています。また，

振り返りにつなげられるように，良かった点や気になった点等の場面を写真に撮り，記録として残すようにしています。

④振り返り・改善

振り返りの際に，記録として残していた写真（写真1－4）を活用し，成果や課題を提示して考えさせています。生徒自身も成果や課題を発表

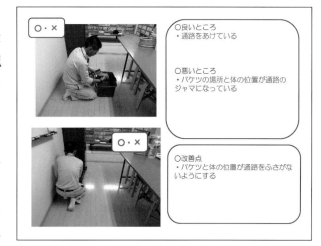

写真1－4　清掃場面の写真を使った振り返り

し，見つけた課題に対しては，次回の改善策等を考えています。教師の視点だけでなく，生徒一人一人の気付きも出すことにより，互いに様々な視点からの気付きを共有することにもつながっています。

2．その他の活動

1学期の頃は，清掃技術を身に付けることや依頼された清掃や業務をこなすことに対する意識が強くありました。しかし，「何のために，何が大切か」などの意識も高めたいと思い，2学期始めに，「今後の自分たちの活動をよりよくしていくために」というテーマで，清掃会社の方にご協力いただき，清掃見学をさせていただきました。この見学を通して生徒たちは，清掃作業で考えなければならないことや自分たちでも今後取り入れられる清掃技術等，多くのことを学ぶことができました。

3．成果と課題

作業での指摘点がある時に写真を活用したり，その場で指摘し考えさせたりすることを繰り返すことにより，多くの改善が見られました。道具等の置き方も，周りの状況や安全を考えた置き方の工夫ができるようになり（写真1－5），動かした物の復元作業では，写真を撮って確認しながら，確実な復元作業にも自主的に取り組めるようになり，ミスも少なくなりました。写真を活用した振り返りでは，回数を重ねるごとに指摘点として使用する写真が減っていくのを感じ，生徒の意識や活動の変化を感じました。また，細かい気配りができるようにハンドソープの向きや机の整頓，見えにくい部分も確認することなどを指導しました。

写真1−5　道具等の置き方の工夫

写真1−6　細かい気配りをする様子

　行動の定着とともに意識の向上も見られ，生徒自身が細かい気付きや気配りができるようになり，広い視野で作業場所の確認を行える力も身に付いてきました（写真1−6）。教師の介入を最低限にすることや生徒同士で話し合い，自己決定していくことにより，生徒同士のやり取りも増え，互いをフォローする場面も増えました。また，報告・相談できる力や自分から考えや行おうとすることを発信していく力，指示を出す力等も身に付いてきました。

　最後の校外清掃では，課題は出ずに成果が多く出ており，生徒も自分自身の変化を感じていました。外注作業も校外清掃も依頼された業務であり，依頼者から毎回，「きれいになったね」「ありがとう」と感謝される言葉を受ける生徒の表情は充実感や達成感に満ちあふれています。

　様々な場所での経験が，多面的な考え方や行動につながるため，今後は生徒が活躍できるための清掃場所をどのように増やしていくことができるかが課題です。

「先を見つめるメンテナンス」新聞　通信 第11号

先を見つめるメンテナンス 通信 第11号

令和2年2月2日
高等部2・3学年
メンテナンスグループ

★高等部2・3年作業学習のメンテナンスグループについて紹介をしていきます。
★今年度は高等部2年が3名，高等部3年が3名の計6名で活動をしています。

校内業務 ～公開授業研究会の資料準備～

令和2年1月25日（土）に行われた公開授業研究会で来校された方々に配布する資料の業務依頼を受けて，準備を行いました。10種類ほどある資料を約200部，ファイルに挟んだり，封筒に入れたりと業務依頼に合わせて作業を行いました。

資料どり

数種類の資料をミスなく1セットにすることができていました。作業の分担も自分たちで考えて動く場面もありました。スムーズな流れ作業です。

ファイル綴じ・封筒詰

ファイル綴じでは，横や上下の位置を確認しながら丁寧に綴じ作業が行えました。封筒詰めでは向きのミスが少しありましたが，最後の検品で修正することができました。

資料配布

教職員用の資料は，職員室にあるレターボックスに配付しました。途中どこまで入れたか迷う場面もありましたが，どうすれば良いかを考えながら作業が行えていました。

授業掲示物の準備

2枚に重ねた用紙の上下をテープ止めしました。重ねた用紙がずれないよう丁寧に作業し，各教室へ掲示をしました。

納品書作成・片付け

作業を行う中での気付き等を細かく記入し，依頼者へ納品書を提出しました。作業終了後には，使用した部屋の清掃を行い，次に利用されることを考え，机やイスの整頓もきちんと行っていました。

まだまだ業務を受け付け，取り組みます！

「先を見つめるメンテナンス」新聞 通信 第13号

先を見つめるメンテナンス 通信 第13号

令和2年2月21日
高等部2・3学年
メンテナンスグループ

★高等部第2・3学年作業学習のメンテナンスグループについて紹介をしていきます。
★今年度は高等部第2学年が3名，高等部第3学年が3名の計6名で活動をしています。

校外清掃実習⑦ ～有限会社　三愛機工～

令和2年2月12日（水）に『有限会社　三愛機工』で2回目となる校外清掃を行いました。欠席者もあり，4人での活動となりましたが，1回目の活動の時に出た課題や今までの校外清掃の課題等を考えて取り組んだ1日となりました。

清掃を始める前に

挨拶をした後は，作業に取りかかるにあたっての注意点等を依頼者の方と確認をしました。
前回と同じ作業でも，物を移動する先の使えるスペースの違いなどあり，注意して説明を聞くことができていました。

作業の様子

階段やトイレ，工場の中や倉庫，休憩室等の清掃を行いました。階段では，以前に習った足の置き方を意識して安全に作業をしていました。倉庫や工場の中の床の汚れも丁寧にふき取り，拭き作業と物の移動のタイミング等も考えながら作業に取り組みました。

作業中の通行時には，「通ります」などの声を掛けて安全に配慮するように指摘をしました。指摘後は，それぞれが意識して声をかけていました。

細かい気付き

机の足回りや室内の壁際も拭いて汚れやほこりを取り除きました。これは1回目の校外清掃では，教員からの気付きで作業させた箇所でした。今回は生徒が作業をよく覚えており，気付いて自主的に行っていました。

新たに清掃した箇所では，手すりの裏側やフロア以外のほこりが溜まっている箇所も生徒自身が見つけ，自主的に拭き作業を行っていました。見えにくい箇所にもよく目が配れています。

行動や意識の変化

前回は移動した物を手前から置いてしまい，通れるスペースが狭くなってしまったり，復元の際にも時間がかかったりしていました。

今回は前回の反省を踏まえ，奥から物を置き，棚等のサイズも考えながらスペースをうまく活用できていました。また，依頼者からの使えるスペースの注意点もしっかり意識していました。

前回  今回

前回は一つの作業に人が集まり，見ていることがありました。その他にも，指示待ちをしたり，指示を出すのを一人に任せてしまったりするなどの課題もありました。

今回は，その場の役割分担で互いに意見を出したり，自分から行おうとすることを伝えたりと一人一人が考えて行動する姿勢を感じました。また，分担だけでなく自分から何かをしようとすることにより動きが止まる生徒もおらず，前回よりも作業にかかる時間も短くなっていました。臨機応変な動きも必要となる中，よく考えて行動できていました。

1年間の成果がたくさん発揮され，生徒たちも手ごたえを感じた活動となりました。

❷ 木工房ＭＩＨＡＲＡ
～生徒が目的意識をもち，考え，自らを高める作業学習を目指して～

1．はじめに

　中央教育審議会（2016）では，今後の社会は人工知能の急速な進化等も予測されており，子供が考える場面を設定し，思考を広げ深めていくことが求められています。作業学習においても，決められたことを決められた通りにできるだけでなく，「なぜ」「何のために」という目的意識や，言動として表現されるまでのプロセスにおける思考・判断，すなわち「考える」力が求められると考えます。また，課題発見・解決学習（広島県教育委員会，2019）や主体的・対話的で深い学び（文部科学省，2019）等，これからの教育活動における問題解決的な学習の重要性は高いといえます。それらの学習過程において，生徒が自らを高めようとするなど，生徒の学びに向かう力を育成するための授業の仕組みとして，学びのサイクルの確立が重要であると考えました。上記を踏まえ，令和元年度の作業学習木工グループ（以下，木工Ｇ）では，図2－1のイメージにより授業づくりを行ってきました。また，学習指導要領の「何ができるようになるか」「どのように学ぶか」「子供一人一人の発達をどの

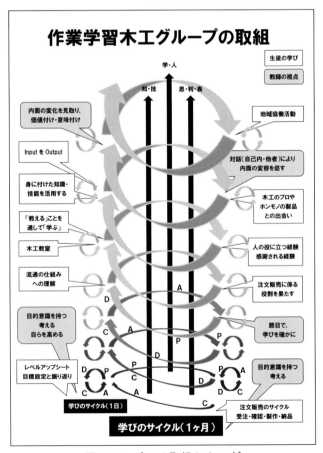

図2－1　木工の取組のイメージ

ように支援するか」の視点から，図2−2に示す点を大切にしながら取組を進めてきました。その中から，本節では木工製品の注文販売，幼稚園等での「木工教室」及びレベルアップシートと日報の三つの取組を，その目

▶「何ができるようになるか」	▶「どのように学ぶか」
1. 目的意識を持つ	1. 適切な学びのサイクル
2. 考える	2. 節目でInputをOutput
3. 自らを高める	3. 地域協働活動

▶「子供一人一人の発達をどのように支援するか」
1. 対話（自己内・他者との）により，内面の変化を促す
2. 内面の変化を見取り，価値付け・意味付け等する

図2−2　木工の取組で大切にしたこと

的や内容，方法等と，その取組による生徒の変容について紹介します。なお，本節は若松（2019）を踏まえ，令和元年度2学期（令和元年9月）以降の取組を主に取り上げることとします。

2．木工製品の注文販売

　知的障害のある生徒にとって適切な学びのサイクルを実現し，生徒が作業活動を通して「なぜ」「何のために」という目的意識を持つために，令和元年7月から木工製品の注文販売の取組を始めました。平成30年度までは年間2回の販売機会（11月と2月）がありましたが，知的障害のある生徒の学習上の特性と，作業学習における学びのサイクルが長期にわたることから，生徒の学びが断片的になったり，生徒が日々の作業活動に対する目的意識を持ちにくかったりするのではないかと考え，注文販売にしました。木工Gでは，本校Webサイトに製品のチラシを掲載し，注文を受け，生徒自身が受注から納品までのプロセスを経験できるようにしました。生徒が仕入や在庫管理，販売・会計のプロセスを体験することで，商業ビジネスの基本的な理解も促すことができる（髙嶋，2018）と考えました。

　具体的な注文販売の流れは以下のとおりです。

①本校Webサイト等により製品のチラシを見た方から，FAXで注文書が送られてくる。

②担当生徒が折り返しの電話をし，注文商品や注文数，納品日時を確認する。

③毎月末に注文を締め，各製品の受注数を基に，材料の発注数を生徒が話し合って決める。

④担当生徒が近隣ホームセンターに発注の電話をし，実際に店舗で木材の選定をする。

⑤受注締め日の翌々月末の納品に向け，生徒が工程を分担して製作する。

⑥注文した方に来校していただき，各担当生徒が代金と引き換えに納品をする。

⑦ Web アンケートを通じたお客様の声をいただき，品質や電話応対の向上に生かす。

　上記の一連の流れを，1カ月の学びのサイクルとして進めてきました。

　また，注文販売の取組により多様な役割を創出することができました。生徒は「役割を果たす」経験を通じて，「人の役に立つこと」を実感し，キャリア発達につながった（中央教育審議会，2011；菊地，2013）と考えました。

　木工製品の注文販売の取組を通して，以下のような生徒の変容が見られました。

☆　受注管理チーフの生徒Aの変容　☆

　Web アンケートを通じて，注文数や納品日時を確認する電話の「声が暗い」ことや「注文者がメモを準備するタイミングがほしい」ことなどについて指摘を受けていました。生徒Aはそれらのことを受け止め，「どうしたらよいか」と考えていました。ある時，注文確認の電話を掛けた相手が生徒Aと面識がある方でした。その方とのやり取りは，柔らかく，心地よい声のトーンで話すことができており，見守っていた教師から「今の声，良かったよ」と伝えると，生徒A自身も手応えを感じていたようでした。ただ単に大きな声であればよいのではなく，電話の際に適した声があるということを考え，悩み，気付いた経験から，その後は自身の経験に基づく根拠のある自信を持って，電話応対をすることができるようになりました。

☆　品質管理チーフの生徒Bの変容　☆

　毎月初めには，木工Gのリーダーも兼ねている生徒Bを中心とした生徒による話し合いにより，月間目標を設定しています。その際，後述のレベルアップシートにより抽出された課題等を基に目標を設定すること，設定した目標が特定の個人だけでなく全員に関わるものであることがポイントであると，教師から伝えていました。令和元年11月は，話し合いの結果，「できるだけ自分たちで工夫しながら行動する」という月間目標を設定しました。それに対し教師から，「どうしてその目標にしたの？」と尋ねると，「（ちょうど11月から，注文を受け付ける製品の種類を増やし，各個人が担う作業量が前月までと比較して増えることが予想されるので，）一人一人が作業内容を把握できていないと，作業が遅れてしまうから」と答えました。その目標を踏まえて取り組んだ1カ月後，令和元年12月の月間目標を考える話し合いの場で，生徒Bは「11月は『できるだけ自分たちで工夫しながら行動する』という目標だったけど，（年間目標の一つ目にもあるように，）お客様に喜んでもらえるように丁寧に製品を作ることが一番大事だ

から，12 月は『商品の最終チェックをすること』と，『分からないことは相談する』，この二つの目標にするのはどうか」と提案をしました。それに対し教師が，「どうして？」とその理由を掘り下げると，「11 月は，一人で作業することを意識しすぎて，ミスがあったから。やはり一つ一つ丁寧に作らないといけない」と答えました。実は，その話し合いをする以前から，製品づくりの最終工程である「塗装」の段階で，それよりも前の工程における作業の質の低下（木材にキズが付いていたり，研磨によって角が落とせていなかったりするなど）を問題視した生徒 B が，製品のチェックポイントを下級生に教え，伝えようと行動していました。製品というものを媒介にし，他者の作業を評価しながら，必要に応じてその質を高めてほしいことを生徒間で伝えていたからこそ，他の生徒も 12 月の月間目標に対し，納得感を持ち，取り組むことができていました。

　上述の二つの事例から，「負わされる」のではなく，「自ら進んで他者の求めに繰り返し応える」ことにより，責任の理解・形成（鷲田，2013）につながったと考えます。

3．幼稚園等での「木工教室」

　二つ目として，幼稚園等における「木工教室」の取組を紹介します。この取組では，日々の作業で身に付けた知識や技能を活用し，伝える相手に合わせて取捨選択するなど，思考・判断し，それらを表現する場として設定しました。また，Input したことを Output し，他者に「教える」ことを通して，自らも「学ぶ」ことができる，学びの節目の一つでもあると考えました（藤林，2018）。さらに，様々な場で，様々な相手に対し，教える，説明する，体験の場を提供することにより，それまでの過程も含めて，自己内対話や他者との対話の機会が設定できるだけでなく，他者から認められる経験により，日々の作業への意味付けや価値付け，内面の変化が促され，学びに向かう力の一層の高まりも期待しました。

　木工教室では，幼稚園児等の生徒よりも年齢が下の方に対して，日々作業している切断，研磨，組立等の工程を，担当の生徒が説明や実演をしながら，体験の場を提供しました。6 月のオープンスクールでは来年度高等部に入学予定の中学 3 年生に対して，7 月の第 1 回木工教室では近隣幼稚園の 4・5 歳児 13 名に対して（代表生徒 2 名のみ参加），11 月の学校祭では学校行事に参加した小学生以下の方に対して，12 月の第 2 回木工教室（写真 2 - 1）では近隣認定こども園の 5 歳児 35 名に対して，上記のような機会を設定しました。

写真2-1　木工教室

　日々の学びと節目での学びを往還し，さらには学びの節目を校内に限らず校外でも作ることで，以下のような生徒の変容が見られました。生徒Cは，普段感情を表に出すことがそれほど多くないですが，第1回木工教室後は「みんなが楽しくやっていて，僕も楽しくなった」と，第2回木工教室後も「一緒に体験している子供たちが楽しそうにしていて，うれしかった」と，振り返りで述べていました。園児の木工体験をサポートする際も，目線を合わせたり，道具を持つ手に自分の手を添えたりしながら，安全に楽しんでもらえるよう，行動している様子が見て取れました。また，いわゆる重度の知的障害とされる生徒D及び生徒Eに関しても，非常に貴重な学びの節目であることが分かりました。

☆　生徒Dの変容　☆

　生徒Dは2年生ということもあり，様々な機会で，上級生や同級生のサポートを受け，それに頼ってしまうことが少なくありませんでした。第2回木工教室では，生徒Dが主に担っている研磨作業の工程を体験するブースを作り，他の生徒や教師は，見守る支援を行うことにしました。初めはどうしたらよいか分からない様子でしたが，徐々に「研磨をしています」「ツルツルに磨きます」と，周りを取り囲む園児が体験するのに合わせて，説明しようとすることができていました。その場にいた園児を含む「人」，あるいは「場」がもたらす「環境」によって，生徒Dの内面では「僕がやらなくては。今日は誰かに頼ることはできない」という思いの変化があった上での，言動の現れだったのではないかと推察されます。

☆　生徒Eの変容　☆

生徒Eは，発語はないが，木材の切断作業を得意としています。第2回木工教室では，目の前で彼が切断作業を進めていく動きを真似して，園児にも体験してもらうようにしました。園児がのこぎりでの木材の切断に数分かかってしまうところを，数十秒で切り終えてしまうため，切断のブースに来た園児からは「すげー」という驚きの声と，羨望の眼差しが送られていました。後日，生徒Eの保護者からは，「知人から，『Eくん，すごかったね』と言われました。本人にとって貴重な機会で，良い経験ができました」とあり，取組の意味を再確認することができました。

☆　有機農家の収穫祭への招待状　☆

これら木工教室等の取組を知った地元の里芋農家の方から，「『有機農家の収穫祭』に，子供たちが木工体験をできるような店を出すことはできないか」と，お話をいただきました。それまで，学校から地域に対し協力を求めることが多かった中で，学校が地域から必要とされ，求められているということが分かり，これこそが，地域協働活動の在り方ではないかと感じました。「有機農家の収穫祭」においても，木工教室同様に，生徒は子供たちに体験の場を提供することができただけでなく，特別支援学校のことを初めて知る方とのやり取りの中で，身に付けた知識・技能を活用し，表現することができていました。同時に，特別支援学校の生徒のことを初めて知る方からは，「知的障害があっても，これだけのことができるのですね」という声をたくさんいただきました。以上のことからも，普段の作業を，多様な他者から，多重に評価される場を，学びの節目として設定することは，生徒だけでなく，生徒に関わる地域社会の方々の内面を変えられるのではないかと考えます。

4．レベルアップシートと日報

指導の形態としての各教科等を合わせた指導である作業学習においては，作業活動はあくまで学びの形態・方法の一つであり，職業科等の内容を取扱いながら，それらの目標達成により資質・能力の育成を目指す必要があります。よって，作業活動という手段が目的化することなく，作業活動を通して，目標や評価，成長や課題について思考し，表現する力の育成が重要であると考えます。そのための一つの手立てとして，本校作業学習の多くのグループにおいて用いられているのが作業日誌です。しかし，生徒の学びを深める手段であり，支援するツールであ

① 作業中のメモから、ア
　ドバイスされたことを、
　付箋に書く。
② アドバイスされたこと
　から、できるようになり
　たいことを選び、付箋を
　移動する。
③ できるようになりたい
　ことから、授業の目標を
　設定する。
④ 目標を達成し、できる
　ようになったら、各自の
　ファイルに付箋を移動
　し、成長の足跡を残す。

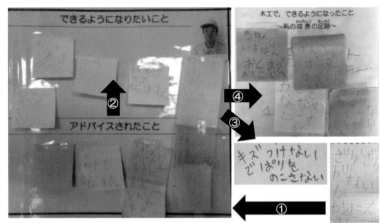

図2-3　レベルアップシートの活用法

るはずの作業日誌が、それを書くことが目的化してしまっている現状があるのではないかと、自身の担当するグループも含めて課題意識を感じていました。生徒が目標を立てて終わりではなく、振り返りによって目標の評価をし、振り返りをして終わりではなく、振り返りで明らかになった課題と次の学びとを関連付けるなど、1日の作業学習における目標設定、作業活動、評価、振り返り、課題改善等に向けた取組のPDCAサイクルを確立する必要があると考えました。

　上記の目的を達成するための仕組みとして、レベルアップシートと日報を紹介します。レベルアップシート（図2-3）は、日々の作業活動における気付きやアドバイスを基点に、作業中に取ったメモから、付箋に書き写すことで、自身の課題を評価（C）することから始まります。「アドバイスされたこと」として付箋に残しながら、振り返りの時間（終礼）等を活用し、次のサイクル改善（A）に向けて、「できるようになりたいこと」の欄に付箋の中から選択し、移動させます。次回の授業の初め（朝礼）では、「できるようになりたいこと」の欄から、その日の作業内容に関連したものを選び、目標設定（P）を行います。作業活動においては、その目標達成に向けて実行（D）します。振り返りにおいては、課題を付箋に書き残すだけでなく、目標達成により、付箋に書かれた課題が解決されたということを、生徒と教師との対話により確認することもあります。その際は付箋を、生徒個人のファイルにある「木工で、できるようになったこと～私の成長の足跡～」の欄に移動させ、目標達成と自身の成長を可視化します。また、作業日誌等の代替として、レベルアップシートと併せて、日報の記入にも取り組みました。日報とは、その日の作業活動において、「作業開始・終了時刻」「作業内容」「作業した数量」のみを記入する簡易なものです。どの作業に、どれくら

いの時間がかかり，どれくらいの数量をこなすことができたかなどの記録を残すことで，記憶に頼ることなく，日々の目標設定に活用したり，作業遂行までの見通しをもったりすることに寄与すると考えました。

　1日の作業活動における学びのサイクルを，意味あるものにするための仕組みとして，レベルアップシートと日報に取り組んできましたが，その効果として現れる生徒の変容を，具体的な行動と併せて紹介します。

☆　生徒Fの変容　☆

　生徒Fは，知的障害の程度としては中度であり，ASDの診断も受けているため，具体物を伴わない抽象的な思考に対し，非常に難しさがあります。主に1学期においては，目標設定の際に「〜をがんばる」と書いたり，振り返りの際に「たのしかった」と書いたりするなど，具体的な目標設定や，根拠を伴った評価への難しさがありました。そんな中，目標設定をする際に立ち止まっている彼に対し，教師が「どこを見れば，目標が考えられますか」と尋ねると，「付箋」と言いながら，レベルアップシートの所まで行き，前回までにアドバイスされたことの中から，その日の作業内容に関わるものを選び，それを目標にすることができていました。作業活動においては，設定した目標達成のためには，例えばキッチンタイマー，各種手順書を使用する必要があると理解しており，それらを活用しながら作業に取り組む姿が見られました。振り返りにおいても，「たのしかった」ではなく「〜が，できました」などの表現ができるようになり，ただ何となく作業に取り組むのではなく，課題を基に目標を設定し，それが達成できたかどうかを評価するというサイクルを，理解できているということが行動に現れていました。

☆　生徒Cの変容　☆

　生徒Cは，作業遂行能力が非常に高く，木材加工等の手順やポイントを上級生や教師から教えられると，すぐに実行することができます。1学期や2学期当初は，新たに取り組む作業内容に対して，上級生等からのアドバイスを基に，作業の「質」に対する目標設定をすることが多かったですが，その作業の「質」への規準は，上記のことからもその日のうちには達成することができていました。作業の「質」の高まりにより，レベルアップシートの付箋の数が減っていくとともに，目標設定の際の根拠がなくなるということがありました。そこで，教師から「具体的な作業の数量を目標にしてみるのはどうか」と助言をすると，生徒Cは作業の「量」を目標として設定するようになりました。しかし，設定した目標の「量」が多すぎたり，反対に少なすぎたりすることもありました。さらに教師から「そ

のままでは届かないけれど，少し頑張れば届きそうな目標が，良い目標です」と伝えました。それを聞いた生徒Cは，午前中の作業終了後の振り返りの時間（昼礼）の際に，設定した目標の「量」を上方あるいは下方修正する姿が見られました。また，日々記録した日報を基に，妥当性のある目標を設定しようとする姿も見られました。根拠をもって目標を設定し，時にはそれを修正しながら，少し頑張れば達成できそうな目標を設定するサイクルが習慣化し，2学期の途中以降，目標を達成できなかったことはありませんでした。

5．おわりに

　知的障害のある生徒にとって適切な学びのサイクル（1カ月や1日）を実現するとともに，その過程で意図的に学習の節目を設定することで，生徒の資質・能力の育成につながることが，具体的な言動を通した生徒の変容により明らかになりました。子供一人一人の発達を支援するためには，自己内対話や他者との対話により，内面の変化を促し，結果として言動に現れる内面の変化を見取ること（菊地，2017），そしてそれを価値付けたり意味付けたりすることが教師の重要な役割の一つではないかと考えます。

【参考文献】
中央教育審議会（2011）今後のキャリア教育・職業教育の在り方について（答申）.
中央教育審議会（2016）幼稚園，小学校，中学校，高等学校及び特別支援学校の学習指導要領等の改善及び必要な方策等について（答申）.
藤林真紅（2018）小学校3学年「社会科」授業の外部講師としての地域協働活動～「教える」ことを通して「学ぶ」～. 特別支援教育研究, 12, 22－24.
広島県教育委員会（2019）広島県教育資料.
菊地一文（2013）実践キャリア教育の教科書. 学研教育出版.
菊地一文（2017）地域協働活動やリソース共有をとおしたキャリア発達支援が示唆すること. 京都市立総合支援学校職業学科（編），地域とともに進めるキャリア発達支援. ジアース教育新社, 21－32.
文部科学省（2019）特別支援学校高等部学習指導要領.
高嶋利次郎（2018）地域との連携による模擬株式会社の取組～地方創生に向けた共生社会の担い手を目指して～. キャリア発達支援研究会（編），キャリア発達支援研究5　未来をデザインし可能性を引き出すキャリア発達支援. ジアース教育新社, 74－81.
若松亮太（2019）生徒が目的意識を持ち，「考える」作業学習を目指して. キャリア発達支援研究会（編），キャリア発達支援研究6　小・中学校等における多様な個のニーズに応じたキャリア教育. ジアース教育新社, 96－99.
鷲田清一（2013）大人の背中. 角川学芸出版.

「木工房 MIHARA」新聞 第4号

木工房 MIHARA 新聞

広島県立三原特別支援学校
〒729-2361　三原市小泉町 199-2
TEL　0848-66-3030

第4号　令和元年 12 月 11 日発行　発行者　高等部第2・3学年作業学習木工グループ広報宣伝チーフ

年間目標

1　安全第一
2　お互いに協力しあう
3　お客様に喜んでもらえるように丁寧につくる

11 月　月間目標　「できるだけ自分たちで工夫しながら行動する」

なぜこの目標にしたのか？（目標設定の理由）
⇒　一人一人が作業内容の把握ができていなかったから。
⇒　作業が遅れるから。

こうすれば良くなる
⇒　わからないことをメモする。

紹介します！「木工の匠」　「曲線加工の匠」に聞いてみよう！

※　生徒の原文のまま掲載します。

① 　何の作業をしていますか？
「折りたたみテーブルと木馬のけずる作業。」

② 　その作業をするときに，どんなことを意識していますか？
「けずりすぎないように。」

③ 　その作業をするときに，難しいのはどんなところですか？
「丸みをつけるとき。」

④ 　③の難しさをクリアするために，どんな工夫をしていますか？
「何回も繰り返し練習をして，できるようになった。」

月報　「11 月の実績を報告します」

製品名	製作数	販売数	製品名	製作数	販売数
ベンチ	18	11	折りたたみテーブル	2	2
木馬	0	0	腰掛け（草取りいす）	17	17

お客さまの声　「製品をお買い上げいただいた方の Web アンケートから」

Q. 本校の木工製品に対しての御意見・御要望
A.「しっかりした木材で手作りのものは，なかなか手に入らないので嬉しいです。しかも丁寧に作ってあって安心できます。これからも，いろいろな製品に出会えることを期待しています。」
「作りがしっかりしており，校内での評判もとてもいいです。」
　アンケートの御協力，ありがとうございます。今後の改善につなげていきます。

（このページは生徒が書きました）

生徒の「学び」を紹介します

「教える」ことを通して「学ぶ」

第1弾　11月16日（土）　学校祭
第2弾　11月24日（日）　有機農家の収穫祭
第3弾　12月3日（火）　木工教室

　今年度の学校祭では販売は行わず，ベンチ製作の各工程を，担当の生徒が実演・説明しながら，子供たちに体験してもらいました。また，そのような取組を知った小泉町の農家の方から，「子供たちの木工体験用のブースを出してみては？」との提案をいただき，有機農家の収穫祭への参加が実現しました。さらに，学校法人本長寺学園　中央こども園にて木工教室を開催し，多くの貴重な体験ができました。

　以下，体験を終えての生徒の振り返りです。

「みんなが盛り上がっていて，楽しく分かりやすく説明することができ，やりがいを感じました。」
「一緒に体験している子供たちが楽しそうにしていて，嬉しかったです。」
「子供のペースに合わせて，切断のお手本をすることができました。」

学校祭	有機農家の収穫祭
重複障害学級生徒の焼印コースタープレゼント	腰掛け（草取りいす）をその場で組み立てて販売

木工教室

切断	研磨	脚の組立	座面の組立

木工のプロ「SAKURASAKU　植原健司さん」から学ぶ

　11月21日（木）に三原市久井町を拠点に家具や建具の製作や，一戸建ての建築をされている植原健司さんに来ていただき，指導してもらいました。

　生徒は，植原さんが作ったスツールやイスを紹介してもらい，作り方やこだわっている所などの説明を聞きました。「くぎは使わないのですか」とか「ここの部分はどうやって加工しているのですか」など，生徒自身から質問する姿が見られました。

　三原特支で作っているベンチを植原さん流に加工していただきました。角を落とす加工をしたり，オイルの種類を変えたりすることで，見え方や印象が変わるということが実感できました。

　プロの技術を間近で感じる貴重な体験となりました。

お互いに自己紹介	植原さん流の加工	SAKURASAKUで作る製品の説明

「木工房 MIHARA」新聞 臨時号

木工房 MIHARA 新聞

広島県立三原特別支援学校
〒729-2361　三原市小泉町 199-2
TEL　0848-66-3030

臨時号　令和元年9月27日発行　　　発行者　高等部第2・3学年作業学習木工グループ　担当教員

新たな仲間との協働がスタート！

重複障害学級の生徒とパートナーシップ契約を結び，ベンチの「焼印押し」の工程を業務委託しました。

　令和元年9月20日（金），高等部第2・3学年作業学習木工グループ「木工房 MIHARA」と，高等部第1・2・3学年1組のAさんが，パートナーシップ契約を締結しました。

　高等部第2・3学年による「月1ミーティング」で「コラボ」をテーマに話し合った際，木工グループの生徒から，「焼印押しの工程を，Aさんにお願いできたら助かるのだけど・・・」という意見をきっかけに，パートナーシップ契約が実現しました。

　目的は，「お互いに『必要とする』『必要とされる』関係の中で，それぞれの強みや得意を活かし，役割を果たすことで，協力することの良さを感じ，同じ目標に向かって頑張ることや，共に働くこと，共に生きることの素晴らしさを経験する。」で，期間は，令和2年3月19日までです。

　令和元年9月25日（水），ベンチの脚止め19部を納品しました。Aさんは，自立活動の時間に，焼印押しの工程に取り組んでいます。

パートナーシップ契約書

パートナーシップ契約式

10秒間，しっかり押し続けるぞ！

納品に来ました。よろしくお願いします。

焼印押しの工程

3　災害復興カフェ「いこい」

1．カフェ「いこい」の目的

　地域貢献については，これまでも清掃ボランティアや芸術祭（児童生徒による地域での音楽発表会）等の取組を行っていました。高等部第2・3学年作業学習接客サービスグループでは，その取組からさらに一歩前に進めるために，作業学習で身に付けた技能を生かして，新たな挑戦ができないか，生徒が主体

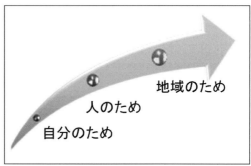

図3−1　生徒のイメージ

となって何度も話し合いを行いました。その中で生徒から三原のまちづくりに貢献し，三原の地域を明るくするために，「校外カフェをやりたい」という思いが出てきました。そして，平成30年4月から取り組みを進め，9月に開店しました。技能検定で身に付けたスキルを使ってどんなことができるのか，生徒が自分を振り返り考えた結果，「自分のため」から「人のために何かをしたい」（図3−1）に到達しました。中央教育審議会（2011）では，「働くこと」について，「人が果たす多様な役割の中で，『自分の力を発揮して社会（あるいはそれを構成する個人や集団）に貢献すること』と考えることができる。」と示されており，地域貢献の取組は「働くこと」と結び付けることができます。

　校外カフェを通して，地域貢献を図り，生徒のキャリア発達を促すことを目的とし，以下の3点をねらいとしています。

1　身に付けた力を発揮する。
2　主体的に「課題発見・解決学習」に向かう姿勢を身に付ける。
3　自己有用感や自己肯定感を育む。

2．準備期間（平成30年4〜7月）

　9月からのカフェ開店に向けて，4月から7月までを準備期間に充てました。準備期間を長くとった理由は，以下の3点を大切にしているからです。

> 1　「なぜ」「何のために」を考えさせる。
> 2　生徒自身が考え，自ら行動する力を育成する。
> 3　チーム力を高める。

　カフェ運営に向け，生徒自身が自分の強みを考え，役割分担を行っています。中央教育審議会（2011）ではキャリアを「人が，生涯の中で様々な役割を果たす過程で，自らの役割の価値や自分と役割との関係を見いだしていく連なりや積み重ね」と示しており，それぞれに責任感をもたせ，自主的に問題解決ができることをねらいとしました。役割を明確にすることで，責任を果たそうとする一人一人の意識が高まり，授

写真3－1
フレームワークの活用

業以外の時間も活用して，外部への電話連絡や会議をする主体的な姿を見ることができています。これは自分の役割を果たすために計画的に自ら工夫して行動できる力が付いてきていると考えます。

　カフェを開店するに当たり，生徒が原稿を考え，校長先生にカフェの目的を説明し，カフェを開店することの許可を願い出ました。そして，どの場所でできるか，どのようにするか，生徒たちが現地調査を計画し，実施しました。また，質の高いコーヒーを提供するため，コーヒーに関する基礎的な知識を学び，入れ方のスキルを習得するために，コーヒー専門店の方に来校していただき，指導を受けました。

　現地調査を終え，生徒たちで戦略会議を行い，「三原特支ならではのカフェ」を考え，豆をひいて，ドリップ式でコーヒーを提供することに決めました。また，今後の計画について付箋を使って意見を出し合いました（写真3－1）。付箋を使用したフレームワークを活用することで，生徒たちの思考が深まり，チームで計画・立案することができました。

3．市長訪問

　平成30年6月26日に三原市長を訪問しました。『カフェを通して三原市を活性化する〜わたしたちの挑戦〜』と題して，なぜ自分たちがカフェを行いたいのかなどのプレゼンテーションを行い（写真3

写真3－2　市長へのプレゼンテーション

－2），市長にドリップ式本校オリジナルブレンド「たこみちゃんＭＡＸ」でコーヒーを提供しました。最後に，生徒の『カフェを通して三原市のまちづくりに貢献したい』という思いを受け，市長立ち合いのもと，校長先生から「三原市まちづくり協力委員」の任命書が交付されました。

4．カフェ開店

　平成30年7月3日にはカフェ開店の候補場所であるイオン三原店様に来校していただき，成果報告会を行い，接客スキル等，ステップアップするための課題をいただきました。その後，生徒たちで，良かった点と改善が必要な点を付箋に書き出し，課題と改善点を整理し，9月にイオン三原店にて第1回目のカフェ「いこい」を開店しました（写真3－3）。オープン直後

写真3－3　カフェの様子

はなかなかお客様がいらっしゃいませんでしたが，接客係が自主的に呼び込みを始め，最終的には，2時間の営業で70名の来客がありました。お持ち帰りや席の増加など，営業中に対応しなければならないことが多々ありましたが，教師は店内に入らず見守ることで，生徒たちだけで課題解決を図りながら店を運営することができました。カフェ終了翌日には，生徒それぞれが反省を提出しており，それを基に振り返りを行い，

写真3－4
改善計画作成会議

次回に向けた改善策，改善するための計画を作成しました（写真3－4）。「声や笑顔ができなかった」と反省した生徒は，登校後に，校長室や事務室，職員室で発声練習をし，評価していただけるような取組を自ら始めました。

5．災害復興カフェ

　平成30年12月から「災害復興カフェ―本郷に笑顔を，元気を，明るさを―」として，マックスバリュ本郷店で継続的にカフェを開店しています。これは生徒たちから「本郷に笑顔を，元気を，明るさを取り戻したい」という意見が出て，取組を始めたものです。本郷地域は平成30年7月の西日本豪雨災害で，甚大な被害を受けた地域であり，カフェ運営メンバーの中にも被害を受けた生徒が多くいました。生徒たちは被害の状況や復興に向けての様子等，写真や様々な情報を通して振り返り，それぞれがカフェの果たす役割を考え，実行に移してきました。

また「より多くの方に利用していただきたい」という思いから，綿密に会議を重ね，2月からスタンプカードの導入を始めました。スタンプを押す基準や景品等も生徒たちで考え，現在まで継続して行っています。

6. カフェ2年目（令和元年度）

令和元年度も新しいメンバーを迎え，引き続き月に1回カフェを運営しました。平成30年度と同様に生徒自身が自分の強みを考え，役割分担を行い，責任をもって作業に取り組みました。内容は以下のとおりです。

5月	アイスコーヒー販売に向けた研修計画の立案，研修
6月	アイスコーヒー販売開始
9月	本郷地区8カ所へ広報宣伝活動
11月	県立広島大学生との協働学習 "学び合いチャレンジ"
12月	「障害者週間啓発事業」にて出店

7. 授業展開と評価

授業は下記のとおり，1カ月のサイクルで展開しています。

＜1カ月の流れ＞
1　お客様アンケートの集約・物品確認
2　課題発見
3　改善方法の検討
4　改善策の実践

①アンケート集約
②課題発見
③改善
④実践

毎月，課題に対する改善策を模造紙にまとめさせることで，改善したことを視覚化し，よりよいカフェに向けてスキルアップの上積みを行っています。また令和元年度2学期から「ルーブリック評価接客NAVI」（図3-2）を作成し，接客のレベルについて自己評価し，定期的に振り返ることで自身のスキルアップにつなげています。

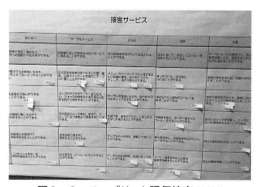

図3-2　ルーブリック評価接客NAVI

【参考文献】
中央教育審議会（2011）今後の学校におけるキャリア教育・職業教育の在り方について（答申）.

④　小泉さといもプロジェクト

１．小泉さといもプロジェクトの目的

　高等部第２・３学年作業学習農業グルー
プは，これまで学校祭での冬野菜の販売を
最大の目的として活動してきました。異な
る学年の生徒が互いに協力して育てた新鮮
で安価な野菜はとても好評で，お客様から
は「毎年楽しみにしています」「今年も大
きく育ちましたね」といった声をいただい
ています。しかしながら，本校の作業学習

写真４−１　小泉町の里芋

が主要なテーマとしている地域協働・共創や外部リソースとの連携といった意識
は，これまであまり高くありませんでした。

　本校が立地する三原市小泉町には里芋という伝統野菜があります。里芋は，大
和町のれんこん，木原町のわけぎと並ぶ三原のブランド食材で，40年以上の歴
史があります。小泉町の肥沃な土壌で育つ里芋は，一つ一つ手作業で根ひげや羽
毛を除去し，磨くので見た目が良く日持ちします（写真４−１）。贈答用として
もとても人気が高いです。しかし，近年は高齢化等で最盛期と比べ生産者が激減
しています。そこで私たちは，小泉の里芋の歴史や栽培方法を学び，実際に里芋
を育てることで地域の伝統を継承していくことができるのではないかと考えまし
た。小泉の里芋を通じて地域・自然環境・暮らし・人とのつながりや循環を生徒
たちが体験的・探求的に学ぶこと，これが本プロジェクトの目的です。

２．校外学習での学び①

　周囲を山で囲まれた小泉町には，美しい棚田が広がり清涼な水が流れています。
かつては40軒以上あった小泉町の里芋農家も現在はたった６軒になりました。
高齢化が進み，市場に出荷することのできる農家はさらに少ないです。そのうち
の一人である若手有機農家，岡田和樹様は，現在小泉さといも生産組合の組合長
を務め，近隣の小学校でのワークショップ（水辺教室・棚田教室）を開いたり，
仲間と共にイベント（「有機農家の収穫祭」）を主催したりするなど，地域の環境

写真4－2　小泉町の里芋農家の収穫作業

を守ったり，有機農法を広めたりする活動や情報発信に努めていらっしゃいます。

　私たち農業グループは，学校から歩いて30分ほどの岡田様所有の里芋畑を訪れ，小泉の里芋について学習しました。岡田様からは，「みなさんの力で小泉の里芋を盛り上げてくれればうれしいです」というメッセージをいただき，①里芋の収穫作業（鍬入れ），②親芋から子芋・孫芋を切り離す作業，③切り離した子芋・孫芋から根ひげや羽毛を除去する作業（里芋拭き），の三つを体験することができました。生き生きとした表情の生徒からは，「自分の足で歩く事ができて良かった。がんばった」「里芋が思っていた以上に重くてたいへんだった」「里芋をはずすときのパキッいう音が好き」「ピカピカと光る里芋にびっくりした」といった言葉が聞かれました（写真4－2）。

3．校外学習での学び②

　作業中，岡田様やその家族から「山の色がきれいだね」「空を見てみて」「空気がおいしいね」と私たちの意識を自然環境の方に向けるような声を掛けていただきました。普段の作業学習ではあまり意識していませんでしたが，このように「景色を感じる」「季節を感じる」ことも大切だと気付かされました。また，作業している中で出会う様々な生き物についても詳しく説明していただきました。地域の生態系という視点も，今後の作業学習に取り入れていく必要があると思われます。

　畑に向かう時，小さな子供（岡田様のご子息とそのご友人）が私たちを案内してくれました。生徒の一人はすぐに子供たちと打ち解け，話をしながら笑顔で一日中作業することができました（写真4－3）。また別の生徒は，自分の家族とは異なる大家族の農家の暮らしぶりを目の当たりにして「たいへんだけど楽しそうですね」と言っていました。昼食時には里芋の入ったお味噌汁をいただきました。里芋はもちろん，ネギや人参，お米まで全て自給自足であることに生徒はと

写真4-3　里芋の根ひげや羽毛を除去する作業と里芋畑での様子

ても驚いていました。

　岡田様が里芋の伝統を守る活動と同時に「ふるさとの景色（自然環境とりわけ水源）」を守る活動をしていることは重要です。全てはつながっていて，しかも循環していることを，生徒はこの校外学習を通じて少し感じることができたように思います。

4．プロジェクトが目指すもの

　小泉の里芋を守り，その伝統を継承していくということは，具体的には小泉の「種芋」をつないでいくことを意味します。プロジェクトでは，①地域の生産者から種芋を譲り受け，栽培する。②里芋を販売する。③優良な種芋を選別してそれをまた生産者に戻す（「種戻し」），という循環を考えています。小泉の里芋にはそのブランド価値を維持するために厳しい品質基準が存在します。その品質基準をクリアすることは容易ではなく，何年かかるのか想像もつきませんが，いつの日か三原特支の生徒が生産した里芋が市場に流通することを目指したいと思っています。

　短期的には，毎年里芋を栽培し，卒業学年から在校生に種芋をつなぎ，その意義を伝えることが目標となります。さらに，小泉ブランドの里芋を校内外で積極的に情報発信していくことでも貢献できるかもしれません。また，毎年開催される小泉町の収穫祭（11月）では品評会（と即席の販売会）が行われているので，そこで外部の評価を受けることも生徒にとって良い経験になると思います。

　一つの種芋をつなぐことから，生徒たちが自分たちの力で地域・自然環境・暮らし・人のつながりや循環という考えに至ることができれば，生徒にとっても地域にとっても意義のあるものとなるのではないかと考えます。

「美しい農業」通信 令和元年12月4日発行

美しい農業通信

令和元年12月4日　発行
高等部第2・3学年
作業学習農業グループ

　高等部第2・第3学年作業学習農業グループは，雨の日も風の日も，暑い日も寒い日も無農薬で安心・安全な野菜を皆様に届けるため，日々取り組んでいます。今回は，小泉町にある里芋農家岡田和樹様の畑を訪問し，地域協働「里芋プロジェクト」を新たにスタートさせました。この通信ではその様子について紹介します。

「里芋プロジェクト」とは

　里芋は小泉町の伝統野菜ですが，近年高齢化が進んでおり里芋農家が減少している状況です。そこで私たちは学校がある小泉町で地元の方と協力して何かできることはないかと考え，私たちも「小泉町の里芋」を継承する担い手になり，そのおいしさをたくさんの人に知ってもらいたいと思い，このプロジェクトを立ち上げました。

1　里芋の収穫（鍬入れ）

　学校で鍬の使い方を練習してきたことを思い出しながら，畑の畝2列の鍬入れを行い，里芋を掘る体験をしました。4本鍬で芋を傷付けないようにする，またテコの原理を利用する作業は大変でしたが，丁寧に指導をしていただいたおかげで，全員が体験をすることができました。

| 収穫の説明 | 鍬で傷付けないようにする | テコの原理を利用する |

2　親芋から子芋，孫芋を切り離す作業

　収穫した芋の塊の重さは想像以上で，重くて持てない生徒もいました。力が必要な作業であり，役割分担を生徒同士で行い，親芋から子芋，孫芋に切り離す作業，泥を落とす作業に分かれて行いました。

| 親芋から子芋，孫芋を切り離す作業 | 泥を落とす作業 |

3　里芋に付着している根ひげを除去する

　　収穫した里芋に付着している根ひげを除去し，2つから3つ連なっている芋をさらに切り離す作業を行いました。全員で時間内に終わることを目標として，協力してやり切ることができました。

根ひげを除去する作業

体験をしてみての感想

・鍬を使い，収穫するのが楽しかった。
・里芋の収穫は，自分たちが想像した以上に重くて大変だった。
・説明がすごく分かりやすく，収穫の仕方をすぐ覚えることができた。
・親芋から子芋，孫芋を切り離す時の「パキッ！」という音が心地良かった。
・里芋料理は，煮物以外にもたくさんの料理ができることが分かった。

今後の取組

・今回の体験を通して，今後も地域との交流の機会を増やしていきたいと思っています。
・学校では，今回の体験で学んだことを生かして作業学習に取り組んでいきたいです。

「美しい農業」通信 令和2年2月6日発行

美しい農業通信

令和2年2月6日　発行
高等部第2・3学年
作業学習農業グループ

　12月18日（水）に高等部第2・3学年作業学習プレゼン大会，1月25日（土）は公開授業研究会で，私たちの日頃の取組を紹介しました。アンケートでの感想を反映させたり，参観者からの意見を取り入れたりしながら，第2回プレゼン大会に向けて，どのように自分たちを表現すれば良いかを考え，意見を出し合いました。

発表で使用したポスター

　私たちは「美しい農業」をテーマにしています。発表では，クイズ形式にする，袋詰めの体験をする等，自分たちが普段取り組んでいることを工夫して披露しました。

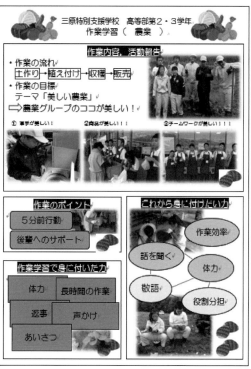

三原特別支援学校　高等部第2・3学年
作業学習（　農業　）

・作業の流れ
　土作り→植え付け→収穫→販売
・作業の目標
　テーマ「美しい農業」
　⇨農業グループのココが美しい！
①事学が美しい！　②商品が美しい！！　③チームワークが美しい！！！

作業のポイント
5分前行動
後輩へのサポート

これから身に付けたい力
作業効率
話を聞く
体力
敬語
役割分担

作業学習で身に付いた力
体力　長時間の作業
返事　声かけ
あいさつ

振り返り・話し合い

　振り返り，話し合いの授業では，第2回プレゼン大会に向けてどのように表現していくか意見を出し合いました。

私たちの意見

- 発表のとき，動きがなかった。
- 授業で練習したことが発揮できなかった。
- 袋詰めの体験でお手本を見せれば良かった。
- フリップを使い，聞いている人に分かりやすくすれば良かった。

アンケート・参観者からの意見

- マルチシートがよくわからなかったので，どのような物なのか見せながらすると良いと思う。
- 袋詰め体験をするとき，説明だけだと分かりにくい。
- フリップの裏面に番号をふると良い。

相手に分かりやすく伝わるプレゼンテーションを目指して

- 私たちが大切にしている「チームワーク」の表現の仕方を変える。（手で重ね合う等）
- 3種類の軍手の違いを単に見せるだけでなく，触ってみる体験を入れる。
- 私たちの活動をアピールするために，一つ一つの動きを大きく見せる。
- 袋詰めの体験をする際，一人で袋詰めをしながら説明をするのではなく，袋詰め・説明の担当を分ける。
- 発表，クイズ等を一人でするのではなく役割分担をする。
- 聞いている人に対して，フリップを近づけて動きながら見せる。

次回に向けて，これからも練習を頑張ります。

小泉さといもプロジェクト

　2月は，11月に引き続き，小泉町の里芋農家岡田和樹様宅の畑に訪問し，お手伝いをさせていただく予定です。その様子をお知らせします。
　3月10日（火）に本校で開催する感謝祭でさといもの種芋受領式を行う予定です。

5　食品「レモン農家とのコラボ」

1．食品の目的

　高等部第2・3学年作業学習食品グループが，高等部第2・3学年作業学習接客サービスグループからの依頼により，カフェでの提供ケーキを任されることになりました。製造に関して，衛生面に関する正しい知識を得るとともに調理に関する基本的な知識と技術を習得し，正しく安全に作業することが求められます。

　自分たちを育ててくれた三原の町に感謝し，役に立つためにはどうすればよいか，これまでに行ってきた地域貢献の活動をさらにステップアップするために，食品グループができることを考えました。

　食品製造を通して，地域貢献を図り，生徒の働く意欲を培い，将来の職業生活や社会的自立を促す目的として，以下の3点をねらいとしています。

1　衛生面や安全面に注意し作業を行う。
2　自分の分担に責任を持つ。
3　製品の販売活動を通して，接客や会計の仕方を身に付けることができる。

2．レモンとの出会い

　生徒はパティシエの方の指導もあり，カフェでの店内飲食及び，持ち帰り用（ケーキ，クッキー）の販売を行い，数十種類のケーキやクッキーを作ることができるようになりました。

　次に生徒が考えたのは，新しいレシピの開発で「地域の食材を使ったケーキやクッキーができないだろうか」ということでした。三原市で有名な特産品を出し合い，どの食材が焼き菓子に向いているか，ミーティングを重ねました。そこで，出会った食材が，自然豊かな島である三原市佐木島のレモンでした。

3．レモン農家との交流

　菓子製造のためのたくさんのレモンを提供していただいた地元レモン農家の方から，島での仕事や島の生活を知ることができました。おいしいレモンを頂いたお礼に，自分たちで作った焼き菓子と気持ちを書いたメッセージカードを届けました。

4．レモンを使ったケーキやクッキー

　製品開発までには以下の展開を行っています。

計画 ➡ 試作 ➡ 見直し ➡ 試作 ➡ 販売 ➡ 確認反省

　レモンを使ったケーキを作るに当たり，レモンの皮や果汁の量を変えて，ケーキの試作を繰り返しました。その中で佐木島のレモンの皮の香りに改めて美味しさを発見することができました。試作でできたケーキやクッキーはまずは自分たちで試食をし，レモンの果汁の量や皮の最適な分量を話し合いました。それから教職員に試食をしてもらい，さらに見直し，販売商品としてお客様に食べてもらう商品を作ることができました（写真5-1～5）。販売先でのアンケートや売れ行きを接客サービスのグループより聞き，次回のカフェで生かせるようにしています。

| 写真5-1
レモンケーキ
（アイシングあり） | 写真5-2
レモンケーキ
（アイシングなし） | 写真5-3
レモンケーキ
（パティシエ考案） | 写真5-4
チーズケーキ | 写真5-5
レモンクッキー |

カフェでのアンケートより

- ・レモンケーキのアイシングが美味しかったです。
- ・レモンクッキーが売り切れで残念でした。
- ・チーズケーキは酸味があって美味しかったです。

5．まとめ

　これまで，生徒は自分が作りた
い，自分が食べたいという欲求が
強かったですが，販売活動や地域
の特産品を使った焼き菓子を作る
ことで，お客様に提供するために
作業に取り組む姿が見られるよう
になりました。定期的にパティシ
エによる指導を受けていますが，
指導された内容をすぐに実践に生

写真5−6　パティシエによる指導

かす姿も見られています（写真5−6）。また，製品の売れ行きが気になり，お
客様が何を求めているかを考えることができるようになり，作業中のコミュニ
ケーションの向上が見られました。さらに，三原の特産品を改めて知ることがで
き，地域の風土や特色についても学ぶことができるきっかけとなりました。

　生徒同士でも，「〇〇の商品がすぐに完売した」「持ち帰り用の商品を増やした
方がよい」「季節にちなんだ商品を増やした方がよい」など，話し合う姿が見ら
れるようになりました。また，買いに来てくれたお客様に売り切れがないよう，
1日の作業の効率を自分たちで考える姿も見られました。このように生徒が自ら
の力を発揮し，地域に貢献していると実感することで，自己肯定感が高まり，主
体的に行動できる場面が増えてきました。

　今後さらに，地域の人たちから信頼され，何を求められているか，耳を傾け，
三原市の活性化に生徒自身が参加できたと実感できる活動につなげていきたいと
思います。

⑥ 布工「さをり織り」
〜考えて動く力，計画する力，表現力を高めるために〜

1．ねらい

　決まった手順に沿って製品を黙々と製作する「作業学習」から，次の段階を目指し，「考えて動く力」「計画する力」「表現力」を身に付けさせるために必要な指導内容を考え，実践しています。

2．活動内容

　生徒が手提げ袋やポーチ等，製作する製品を決め，必要な材料を検討し，地域の手芸店へ材料を購入しに行きました（写真6−1）。また，生徒が話し合ってオリジナルタグを開発しました（写真6−2）。

写真6−1　材料購入の様子

写真6−2　オリジナルタグ

写真6−3　商品展示の様子

オリジナルタグの開発
（レインボー5）
【意味】レインボー：虹のような色のさをり糸
　　　　5：メンバーの人数

写真6－4
イオン三原店での販売活動の様子

写真6－5　さをり体験の様子

　販売場所や時期を検討し，学校近隣にある三原自動車学校で販売を行いました（写真6－3）。事前にチラシを作成し，宣伝活動を行いました。販売後，売り上げの計算や売れ筋商品の確認を行いました。

　次の販売場所を検討し，クラフトグループと合同で，イオン三原店にて，販売会を実施しました（写真6－4）。お客様と直接会話をすることを通して，製品を説明したり，不意な質問に答えたりする力が少しずつ身に付いてきました。

　12月に障害者週間啓発事業に参加し，販売だけでなく「さをり体験」を実施しました（写真6－5）。「だんだん上手になってきましたね」「その調子ですよ」など，相手の様子を見ながら話しかける生徒の姿が見られました。

7　芸術祭

1．経緯

　本校では，平成28年度まで，音楽の授業で学習した合奏や合唱を通して協調性や社会性を育てること，他学年の発表の鑑賞を通して他者理解を図ることを目的として「音楽祭」を実施していました。校内の体育館を会場とし，歌唱・器

写真7－1　三原リージョンプラザ

楽合奏などを発表し，合同合唱にも力を入れて取り組んでいました。学習の成果を発表する場であり，目的は十分達成できる内容でしたが，校内で完結させず「三原特別支援学校を地域に向けて発信する」ことを目標に掲げ，校外での実施に向け検討しました。生徒からも「やってみよう！」という意欲的な意見が出たため，実施することとなりました。本校では，毎年多数の美術作品がコンクールに入選していること，運動会における高等部のダンス演技が好評を博していることなどから，展示やステージ発表の内容を再検討し，名称を「芸術祭」とし，平成29年度から三原リージョンプラザ（収容人数410席，写真7－1）で開催することにしました。

2．目的

・生徒が活躍する姿を地域に向けて発信することを通して，協力することの大切さや達成感を味わわせ，表現する意欲の向上を図る。
・参加者からの評価を基に，表現活動の充実を図る。
・三原特別支援学校の教育活動を地域の人々に知ってもらい，地域における特別支援教育ネットワークづくりの一環とする。

3．運営

　組織的に運営できるよう実行委員会を立ち上げ，会場や内容等を検討しました。業務が円滑に遂行できるよう，ステージ部門，展示部門，広報等の係を決めると

ともに，業務のスケジュールを作成し，進捗状況を確認しながら準備を進めました。

　第1回は，ステージでの司会進行を高等部の生徒，放送や受付でのプログラム配付を中学部の生徒が担当するなどして，運営に関わりました。できるだけ生徒が企画・運営に携われるよう，以下の業務を生徒主体で行うことにしました。

・チラシ，プログラムのデザイン

・衣装の仕分け・準備

・外部案内の郵送準備

・アンケート，スタッフマニュアルの印刷

4．教育課程

　生徒が「ステージで発表する」だけでなく，「自分たちで作り上げる！　盛り上げる！」という意識をもてるようにするため，上記の業務について「総合的な学習の時間」で取り扱うこととしました。生徒は，担当業務や締切りを確認し，友だちと協力しながら準備をする中で，主体性や協調性を身に付けることができました。

5．内容

<ステージ発表>

・開会行事
・ダンス（写真7−3）
・音楽部発表（写真7−4）
・高1〜高3発表（写真7−5）
・合同合唱
・閉会行事

<展示>（写真7−2）

・小・中・高等部作品（絵画等）
・高等部作業学習製品

写真7−2　アイサポート展とコラボした作品展示
（中学部コーナー）

143

写真7-3　ダンス発表

写真7-4　音楽部発表

写真7-5　太鼓演奏

6．授業展開（高等部第3学年）

　学年の発表は，合唱と合奏で構成を考えました。合唱曲を選曲する際は，「自分たちが歌いたい曲」だけでなく，「聴いている人が楽しめる曲」という観点で考えるよう生徒に投げかけました。多くの曲が候補として出ましたが，生徒の中から「この曲は，ドラマの主題歌だから，たくさんの人が知っていると思った」という意見が出て，学年で決定しました。合奏では，生徒の希望や特性に応じて楽器を決めました。生徒には，個に応じた簡単な楽譜を用意し，苦手意識をもたないよう工夫しました。音源を繰り返し聴くことでイメージをもたせ，旋律・リズムごとにグループ分けをして，互いの演奏を聴かせました。そうすることで，自然と周りの音を聴くようになり，自分の演奏だけでなく「合わせる力」が身に付きました。曲の中に出てくる「掛け声」を合わせることにより，一体感が生まれ，会場を盛り上げることができました。

7．まとめ

　アンケート結果から，地域の方や卒業生が多く来場していたことが分かりました。「私も皆さんに元気をもらいました。生徒さんの楽しそうな表情を見ること

ができて，こちらも気持ち良く，心が洗われました。応援しています」「生徒がそれぞれ自分の役割をしており，自信をもって行動しているよう感じた」などの感想がありました。事後学習では，生徒から「お客さんたちに喜んでもらえて良かった」「来年はもっとこうしたい！」など，意欲的な意見を聞くことができました。

　3年間，芸術祭を実施して，生徒は自己表現力を高めるとともに，「自分たちだけでなく聴いている人を元気にする」ということに気付きました。芸術祭の取組は，平成29年度時点において，まだ今ほど地域協働活動が進んでいない状況の中で，本校でこれから本格的に地域協働活動を進めていこうとする際の先駆けとしての取組となりました。

※ Coffee Break ※

業務改善ＳＳＴ

業務改善ＳＳＴとは，本校の教員が作った言葉です。

> **業務改善ＳＳＴ**
> ・整理（Ｓ）
> ・静かでスピーディな業務（Ｓ）
> ・時間を守る（Ｔ）

　本校は，平成25年度から平成29年度までの5年間「業務改善事例集活用モデル校」として，業務改善を積極的に推進してきた経緯があります。業務遂行状況の現状と課題を出し合い，熟議する中で生まれた言葉が「業務改善ＳＳＴ」です。
　現在は，「業務改善」から「働き方改革」へとシフトチェンジしていますが，「業務改善ＳＳＴ」は今も三原の先生たちが業務を行うときの基本姿勢として定着しています。

❽ 県立広島大学との「学び合いチャレンジ」

1．目的

　中央教育審議会（2011）では，「人は，他者や社会とのかかわりの中で，職業人，家庭人，地域社会の一員等，様々な役割を担いながら生きている。…（中略）…人はこれらを含めた様々な役割の関係や価値を自ら判断し，取捨選択や創造を重ねながら取り組んでいる。」や「キャリアは，ある年齢に達すると自然に獲得されるものではなく，…（中略）…その発達を促すには，外部からの組織的・体系的な働きかけが不可欠であり，学校教育では，社会人・職業人として自立していくために必要な基盤となる能力や態度を育成することを通じて，一人一人の発達を促していくことが必要である。」と示されています。

・県立広島大学との協働により，多様な人々とコミュニケーションする力を身に付ける。
・自ら課題を発見し，主体的に課題解決する姿勢を身に付ける。

　これは，県立広島大学の授業4回に本校の生徒が参加し，本校の生徒と大学生がチームを組んでミッションを達成するという取組です。

2．生徒に身に付けてほしい力〜キャリア教育の視点で〜

　中央教育審議会（2011）は「基礎的・汎用的能力」について，「これらの能力は，包括的な能力概念であり，必要な要素をできる限り分かりやすく提示するという観点でまとめたものである。この4つの能力は，それぞれが独立したものではなく，相互に関連・依存した関係にある。」と示しています。そのためキャリア教育の視点に立ち，「基礎的・汎用的能力」を構成する4つの能力が身に付けられるように展開しました。

（1）人間関係形成・社会形成能力，課題対応能力

　価値の多様化が進む現代社会においては，価値観等の多様な人と関わって生活していかなければなりません。そして，他者を認めながら協働していく力が求められます。

　大学生との協議は，今回初めての取組です。生徒たちは，まず個人で考えた内容を付箋に記入し，付箋に書かれた内容を基に話し合いをするという学習方法を日頃行っているため，年齢の高い学生に対しても自分の考えをはっきり述べることができるよう，付箋を使用することにしました（写真8－1）。

写真8－1　協議の様子

（2）自己理解・自己管理能力

　自己肯定感が低い生徒に対し，自信をもって行動できる力の育成が求められます。多様な他者と協力し協働する際も，自らの思考を伝え，主体的に行動できるよう，生徒が学生に接客・厨房の指導を行う場面を設定しました（写真8－2）。

写真8－2　接客指導の様子

　取組を進めていく中で，自ら課題を発見・分析し，適切に計画を立て，その課題を処理し，解決することができる力の育成が求められます。多様な他者と協議する場面を設定することで，今までの考え方や方法とは違う場面も想定されますが，従来の形にとらわれず物事を前に進めることを期待しました（写真8－3）。

写真8－3　解決方法の検討の様子

（3）キャリアプランニング能力

　働くことの意義を理解し，自らが果たすべき様々な立場や役割との関連を踏まえ，カフェ運営で起こり得る事象を主体的に判断しながら進めていけるよう，必要最低限の支援でカフェを運営しました（写真8－4）。

写真8－4　カフェの様子

３．活動計画

	接客サービス	メンテナンス
1日目	本校生徒が，カフェ「いこい」についてプレゼンテーションする。 【自己理解・自己管理能力， 人間関係形成・社会形成能力】	本校生徒が，メンテナンスの取組についてプレゼンテーションする。 【自己理解・自己管理能力， 人間関係形成・社会形成能力】
	①カフェ「いこい」の取組を説明 ②予定販売数の協議・決定 ③接客・厨房指導	①メンテナンスの取組を説明 ②活動説明 ③清掃体験（グループ別）
2日目	生徒と学生が話し合い，実践練習をする。 【人間関係形成・社会形成能力， 課題対応能力】	生徒と学生で清掃活動をする。 【人間関係形成・社会形成能力， 課題対応能力】
	①テーマ（来客数 100 人）設定 ②沿った話し合い ③カフェ「いこい」の流れの確認	①活動説明 ②清掃活動 ③片付け，振り返り
3日目	生徒と学生がカフェ「いこい」を運営する。 【人間関係形成・社会形成能力， キャリアプランニング能力】	生徒と学生で清掃活動をする。 【人間関係形成・社会形成能力， 課題対応能力】
	①準備 ②カフェ「いこい」運営 ③片付け	①活動説明 ②清掃活動 ③片付け，振り返り
4日目	まとめ 【人間関係形成・社会形成能力， 課題対応能力】	まとめ 【人間関係形成・社会形成能力， 課題対応能力】
	①グループでまとめる（ポスター作成）。 ②発表する。	①グループでまとめる（ポスター作成）。 ②発表する。

４．活動の様子

　メンテナンスは清掃活動を通して美しい環境づくりを実現するというミッションを設定し，接客サービスは大学でカフェを開催し大入り満員で成功させるというミッションを設定しました。広島県特別支援学校技能検定等で鍛えた清掃と接客という生徒の強みを発揮し，小グループに分かれて本校の生徒が学生にスキルを伝授し練習を実施しました。学内の環境整備やカフェを成功させるための方策について，生徒と学生がワークシートを用いて意見を出し合い作戦を練りました。カフェ当日はリーダーの生徒が机上の配置の仕方を学生に指示したり，学生から生徒にアイデアを提案したりするなど，協働し合う様子が見られました。

　ある時，「清掃は楽しいか」について学生と生徒で議論になったことがありました。学生からのある提案に対して，生徒が自ら疑問を投げかけ意見交換を行ったことで，お互いの考えの違いに気付き，より思考を深めることができました。

このような体験は，異なる意見や立場の違いを超えて協働するチームを作り上げる過程で必要な学び合いと考えます。ミッションは成功し，振り返りのポスターを作成・発表して活動を終えました。

5．結果

　大学生と目標設定を行い，活動を通して課題を発見し，解決策を話し合いながら，チームとして協働活動を進め，目標を達成して終えることができました。その中で，生徒は作業内容や自分たちの行動，思考について振り返り，以下の感想をもちました。

> ・メモを取ることは自分のためになるとともに，話をしている相手もうれしいことが分かった。
> ・プランを練ることでスムーズになることが分かった。
> ・大学生はお客様が喜んでくれることをたくさん考えることができている。自分で考えたことをメモに書いておく。
> ・周りを見て気付く力が必要である。そのためにコミュニケーション力を身に付ける必要がある。

　また，大学生に「学び合いチャレンジ」を通して，どのような成果が得られたかなどのアンケートを実施しました。アンケート結果は以下のとおりです（図8－1，8－2）。

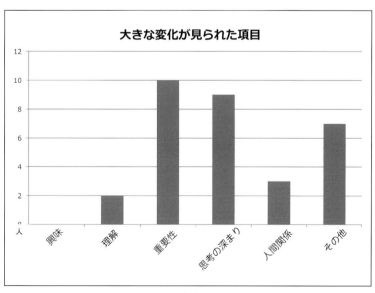

図8－1　大きな変化が見られた項目

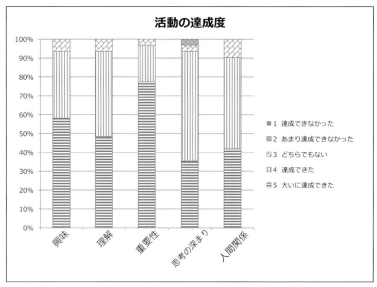

図8-2　活動の達成度

　「学び合いチャレンジ」を通して大きな変化が見られた項目においては，学び合うことの「重要性・思考の深まり」が挙げられました。また活動の達成度においても「重要性」が挙げられ，大学生にとっても知識だけではなく，実践する場や知識を活用する場の重要性を確認することができました。また自由記述の内容は以下のとおりです。

・効率の良い提案をしたが，どのように伝えれば理解してもらえるのか，意見を押し通してもよいかなど，様々なことを悩み，考えさせられる授業だった。
・伝えるだけではなく，生徒さんが理解できるように言葉や行動で示すようにしていこうと思った。
・言葉だけでは伝わらない部分も，どのように工夫したら伝わりやすいかを考えることができ，勉強になった。

6．まとめ

　「学び合いチャレンジ」を通して，生徒は異なる立場の人（学生）と多様な意見を交わし，異なる捉え方・考え方を超えて協働して目的を達成する活動を経験することができました。このような活動が生徒のキャリア発達を促し，新たな価値の創造へとつながっていくと考えています。

【参考文献】
中央教育審議会（2011）今後の学校におけるキャリア教育・職業教育の在り方について（答申）．

⑨　県立広島大学「ワーキングチャレンジ」

1．概要

　令和元年度から，高等部第１学年において，県立広島大学「ワーキングチャレンジ」をスタートさせました。この取組は，個別の就業体験・職場実習を開始する前に行う集団実習として位置付けています。県立広島大学（以下，県大）の施設を借りて，２日間にわたって清掃活動を行う取組です。

2．実施内容

　ワークングチャレンジは，朝９時に県大に集合するところから始まります。自立通学生徒は，自宅から公共交通機関を利用し一人で県大まで登校します。一般就労を目指す生徒は自力で実習先まで行く必要があり，このような機会を利用して練習を開始します。スクールバス利用の生徒は，保護者送迎での集合となりますが，状況に応じて可能な範囲で順次自力通学に切り替えていきます。

　県大で清掃活動を行うに当たって，まず清掃会社のプロから講話と実技指導を受け，清掃に対しての意識を高め，清掃活動に入りました。清掃指導は，雑巾の絞り方や拭き方に始まり，テーブル拭き，自在ぼうき，ダスタークロス，モップの準備から使う順番や使用方法，終了後の収納方法まで指導を受けながら行いました（写真９－１）。

　また，単に清掃活動をすればよいということではなく，報告，連絡，相談が大切であることや使う人の身になって考えることなどを学び，入学して初めての体験である校外での清掃活動に生徒たちは緊張感をもって取り組みました（写真９－２）。

写真９－１　プロから指導を受ける様子

3．まとめ

　最後までやり遂げた時の達成感は大きく，自己肯定感の向上や一人一人の自信につながりました。担当教師は「今回のワーキングチャレンジを通して，2学期からの個別就業体験・職場実習に向けて意識付けができた」と感じており，今後も継続していく予定です。

写真9－2　廊下の清掃

❀ Coffee Break ❀

10分間研修

　本校では，月に1～2回，小学部から高等部までの全教職員で縦割り5～6人のグループを編成し，10分間で意見交換を行っています。テーマはその時々でタイムリーなものを設定します。研修，意見交換，報告，ミーティングなどに活用しています。

　本校ではこの形態がよく定着しており，すぐに集まり集中して意見交換し，終わればすぐ解散しています。

　ポイントを挙げます。

①要項，資料は事前に配付し，各自読んでおきます。

②時間厳守で集まり，終わります。

③進行，記録担当者を決めます。

④進行役がタイムマネジメントを行います。

⑤記録を提出します。

10分間研修の様子

COLUMN コラム

「もっと学びたい」
特別支援学校高等部卒業生に学びの場を

(株) はまリハ　顧問（3月まで　ゆたかカレッジ顧問）　川口　信雄

◆ 1964年東京五輪の年に大ヒットした人形劇に「ひょっこりひょうたん島」がある。この作品では「今日がダメなら明日にしまちょ」の「ドン・ガバチョのテーマ」など数々の名曲が生まれたが，中でも「サンデー先生のテーマ」は深い。子供たちが「勉強は何のためにしなければいけないの？　えらくなるため？　お金持ちになるため？」と問いかける。それに対し，サンデー先生は歌う「いいえ賢くなるためよ，男らしい男，女らしい女，人間らしい人間，そうよ，人間になるために勉強なさい」と。ここには学びの本質が表現されており，カリキュラム・マネジメントの理念にも通じてはいないだろうか（今から56年前の番組なのでジェンダー的にアウトな部分はご容赦のほど）。

◆ 国連障害者権利条約24条の求める「教育の機会均等」は高等教育にも求められているが，日本では特別支援学校高等部の卒業生が大学，短大等へ進学する割合は0.5％と極端に少なく，福祉か就職かの二択を迫られている現状にある。一方，欧米諸国や韓国では知的障害があっても本人の学ぶ意志を認め，一人の大学生として受け入れているケースが数多く報告されている（『知的障害の若者に大学教育を』クリエイツかもがわ　2019）。

◆ 令和元年度，ゆたかカレッジ横浜キャンパスの学生が相模女子大学生と共に学ぶインクルーシブ・ゼミを実施した。テーマは「自己理解」で，授業は私と大学教員が協働で進めた。最初はコミュニケーションもぎこちなく，ありきたりの会話に終始しがちだったが，回を重ねるごとに学生同士の共感関係が深まり，自分の悩みを共有し相談できるまでになった。共に学ぶことで相互理解が進み，共生社会の実現につながると実感した。このプロジェクトはゆたかカレッジという福祉施設が相模女子大学と連携して実現したものである（文科省委託事業「共生社会の実現に向けた，知的障害者等への生涯学習プログラムの実践研究報告書」(株)ゆたかカレッジ横浜キャンパス　2020）。

◆相模女子大学では生涯学習の取組として，インクルーシブ・キャンパス講座も開催した。生き物，ヒーロー特撮もの，鉄道などの6つの講座を準備し，専門性の高い講師に分かりやすく話してもらった。高等部卒業後就労している若者たちも参加してくれた。彼らの感想に「講師の先生の話を聞いて，世の中には様々な楽しみがあるんだと感じ，自分の行動範囲も広がりました」とあった。ともすれば職場と自宅の往復という単調な生活に陥りがちな彼ら勤労青年にこそリカレント教育は必要なのだと感じた。

◆令和元年度，神戸大学は「学ぶ楽しみ発見プログラム」という大変進んだ取組をした。知的障害のある10人あまりの若者が一日の勤めを終えて週3回大学に通学してくる。指導側は講義を行う大学教員以外にコーディネーターが2名とメンターの神戸大学生が5，6人入る。大学の教室を使い，講義前には大学のカフェで夕食を取ることもできる。コーディネーターは大学職員で特別支援教育の経験者であり，臨機応変に解説を入れるなど絶妙な支援を行っていた。なお，学生の身分は聴講生で入学選抜もあり学費も払っている。大学側の全面的な理解と応援が素晴らしい。

◆2017年12月に開催された「キャリア発達支援研究会横浜大会」では，横浜市立特別支援学校の13名の卒業生が「わたしのターニングポイント」を発表した。その中には卒業後も続けているダンス，絵画，短歌，書道などを発表する人たちがいた。学びの成果を発表する彼らはとても輝いていた。学ぶ場は大学だけではない。学び続けることが豊かな人生に通じる（『キャリア発達支援研究5』ジアース教育新社　2018）。

◆横浜わかば学園では「困った時に相談できる」ことや余暇などの「ライフスキル」養成に力を入れてきた。働くための力「ハードスキル」だけでは様々な問題に遭遇した時に心が折れてしまい，立ち直れないケースが少なくないからだ。しかし，卒業生を支援していく中でこの限界も見えてきた。急速に変化する現代社会において，若者は言葉にし難い困りごとや不安を抱えるようになってきており，高等部までに学んだことだけでは苦しい状況に追い込まれることもあるからだ。人生の荒波を乗り越えていくためには「学び続ける」ことが必要ではないだろうか。「人間らしい人間になるための学び」は生涯にわたって続く。いまこそ，特別支援学校卒業生の「学びの場」のメニューを豊かにすることが求められている。

第3章
児童生徒のキャリア発達を促す取組の例

❶「これまで」と「これから」を，「いま」つなぐ，「キャリアノート」

1．キャリア教育の要としての特別活動と，「キャリア・パスポート」の概要

　文部科学省（2019a）は，「生徒が，学ぶことと自己の将来とのつながりを見通しながら，社会的・職業的自立に向けて必要な基盤となる資質・能力を身に付けていくことができるよう，特別活動を要としつつ…（中略）…キャリア教育の充実を図ること。」としている。また，文部科学省（2018a）は，特別活動におけるホームルーム活動の内容「（3）一人一人のキャリア形成と自己実現」の指導に当たり，「学習や生活の見通しを立て，学んだことを振り返りながら，新たな学習や生活への意欲につなげたり，将来の在り方生き方を考えたりする活動を行うこと。その際，生徒が活動を記録し蓄積する教材等を活用すること。」としている。

　文部科学省（2018b）は，「生徒一人一人が，自らの学習状況やキャリア形成を見通したり，振り返ったりできるようにすることができるようなポートフォリオ的な教材などを活用して，自己評価や相互評価するなどの工夫が求められる。」としている。ポートフォリオ的な教材の一つとして，「キャリア・パスポート」（中央教育審議会，2016）があり，令和2年度から実施することとされている。文部科学省（2019b）は，「キャリア・パスポート」の様式例と指導上の留意事項と合わせて，その目的及び定義を以下のようにしている。

【目的】

> 　小学校から高等学校を通じて，児童生徒にとっては，自らの学習状況やキャリア形成を見通したり，振り返ったりして，自己評価を行うとともに，主体的に学びに向かう力を育み，自己実現につなぐもの。
>
> 　教師にとっては，その記述をもとに対話的にかかわることによって，児童生徒の成長を促し，系統的な指導に資するもの。

【定義】

> 　「キャリア・パスポート」とは，児童生徒が，小学校から高等学校までのキャリア教育に関わる諸活動について，特別活動の学級活動及びホームルーム活動を中心として，各教科等と往還し，自らの学習状況やキャリア形成を見通したり振り返ったりしながら，自身の変容や成長を自己評価できるよう工夫されたポートフォリオのことである。
>
> 　なお，その記述や自己評価の指導にあたっては，教師が対話的に関わり，児童生徒一人一人の目標修正などの改善を支援し，個性を伸ばす指導へとつなげながら，学校，家庭及び地域における学びを自己のキャリア形成に生かそうとする態度を養うよう努めなければならない。

　さらに，役割の連なりや積み重ねがキャリアとなり，そのキャリアは「ある年齢に達すると自然に獲得されるものではなく（中略）発達を促すには，外部からの組織的・体系的な働きかけが不可欠」だとされています（中央教育審議会，2011）。これらのことからも，「キャリア・パスポート」をはじめとする，ポートフォリオ等を活用しながら，「振り返り」と「見通し」を繰り返すことが重要であることが分かります（文部科学省　国立教育政策研究所生徒指導・進路指導研究センター，2018）。

2．キャリアノートを活用した学び

　先述のポートフォリオ的な教材に当たるものとして，本校高等部においては，平成29年度から「キャリアノート」を作成・活用しています。また，第1部第1章6節のとおり，カリマネ会では「特別活動」についても協議を重ねました。特に，ホームルーム活動の内容の「（3）一人一人のキャリア形成と自己実現」に関わって，キャリアノートの目的，内容等を改めて確認，共有しながら，令和2年度に向けて，「組織的・体系的な働きかけ」（中央教育審議会，2011）や計画的な指導・支援の実現のために，キャリアノートの中身の検討を進めてきました。その際，高等部の各学年で独自に取り組み，それにより生徒の変容が促され，効

果的だと認められるものについては，各学年の担当者から提案がなされました。このように，平成 29 年度から始められたキャリアノートの取組を改めて価値付け，意味付けしながら，今後の方向付けを図った結果，その中身は 4 つの大項目にまとめられました。以下，大項目 4 点についての具体的な目的，内容，方法等について述べるとともに，令和元年度までに各学年で取り組み，生徒の変容が促された具体的な事例についても一部紹介します。

（1）PATH（Planning Alternative Tomorrow with Hope「希望に満ちたもう一つの未来の計画」）

　PATH（Pearpoint, O'Brein, & Forest, 2001）とは，カナダで開発されたものです。日本でも「障害のある本人と関係者が一堂に会し，その人の夢や希望にもとづきゴールを設定し，ゴールを達成するための作戦会議」（干川，2002）として紹介されています。また，菊地（2013）は，授業の一環として PATH に取り組んでいる学校もあり，生徒の「願い」（期待目標）に基づき，生徒や教師が「ねらい」（到達目標）を設定することは，教師の指導・支援の在り方を再考することにつながるとしています。

　本校においても，本人の「思い」や「願い」に基づいた「夢」をスタートとして，達成目標を考えたり，将来と現在の自分を比較したりできるよう，様式等を学年の実態やねらいに応じて工夫して実践を行いました。生徒からは，「家族を野球観戦に連れていきたい」「接客の仕事をしたい」「家族をつくりたい」など，産業現場等における実習を含む学校生活の振り返りでは出ないであろう意見が出されました。本人の素直な「思い」や「願い」を大切にしながら，それらを軸にした「対話」の場面を意図的に設定することで，学校生活における様々な取組に対し，本人が目的意識をもちながら取り組むことができるのではないかと考えます。

（2）実習振り返りシート

　文部科学省（2019a）は，知的障害者である生徒に対する教育を行う特別支援学校の教科「職業」の内容として「産業現場等における実習」を位置付け，本校においては「職場実習」「就業体験」として，「作業学習」の時間で実施しています。ここではそれらをまとめて「実習」とします。本校における実習は，生徒それぞれが各学年で各学期 1 回程度行っています。そのため，実習の期間が数カ月程度空いてしまい，前回の実習で出た課題と，次回の実習で取り組む目標の関連付けが難しいことがありました。また，実習で明らかになった課題の改善に向けた，学校生活での取組を促す仕組みも十分ではありませんでした。

　そこで，図1−1の「実習振り返りシート」を作成・活用しました。これにより，「実習で出た課題」と次の実習の「目標」の関連性が明確になりました。また，「実習で出た課題」をそのままにせず，その課題の改善・解決に向けて，学校生活で本人が目的意識をもって取り組む必要があるということの自覚を促すために，「課題を受けて，学校で取り組んだこと」の欄を設けました。

　図1−1は，実際に生徒が記入したものですが，第2学年3学期から第3学年2学期にかけての4回の実習で出された課題に対して，具体的に学校で取り組んでいることが

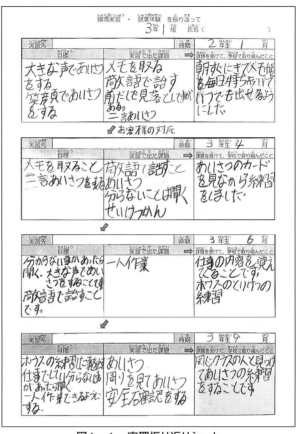

図1−1　実習振り返りシート

分かります。さらに，この生徒に限らず，実習で出た課題を基にして，毎月の月間目標を設定し，その達成に向けて取り組む姿が見られました。このような取組を習慣的に行うことで，「目標」を設定する際には，「なぜ」「なんのために」という根拠が重要であると理解でき，その根拠として現在の自分の「課題」を当てはめようとする姿が，当たり前のように見られるようになりました。「どうして？」と目標設定の理由を問われると戸惑っていた生徒が，「実習で○○と言われたからです」「自分はまだ，○○ができていないと思うからです」と答えられるようになっていきました。生徒は，目標設定（P）し，実行（D）した後，多様な評価（C）を得て，課題の改善・解決（A）に向けて取り組み，次につなげるというサイクルを身に付けることができるようになりました。

（3）担任とのキャリア面談（キャリアカウンセリング：CC）の記録

　福安・松井（2019）は，京都市立白河総合支援学校の取組を例に，実習を終えた生徒がその課題を分析し，その後の活動につなげるために重要なこととして，教師との対話（キャリアカウンセリング）を挙げています。

先述のとおり，実習に関わる指導・支援では，課題を踏まえた目標設定や，課題を受けた実習後の取組等が重要です。その際，生徒と教師との対話を通して，本人の「思い」や「願い」を把握したり，自己内対話を促したりして，進路実現を図ることが欠かせません。

本校では，特別活動のホームルーム活動において，担任が生徒との個別の面談を行っているクラスもありましたが，組織的な取組とはなっていませんでした。「PATH」や「実習振り返りシート」の効果的な活用を進めるためにも，生徒のことを最も把握している担任が対話を行う仕組みを作る必要がありました。

キャリアカウンセリング（CC）

高等部（　　）年（　　）組　生徒氏名

4月	記入日　令和　年　月　日				
	進路希望				
	一般就労	希望先		希望職種	
	福祉就労	希望先			
	その他				
	面談内容				
	○実習先の検討，課題と改善に向けた取組				
7月	記入日　令和　年　月　日				
	進路希望				
	一般就労	希望先		希望職種	
	福祉就労	希望先			
	その他				
	面談内容				
	○実習の振り返り，２学期の実習先検討，課題と改善に向けた取組				
12月	記入日　令和　年　月　日				
	進路希望				
	一般就労	希望先		希望職種	
	福祉就労	希望先			
	その他				
	面談内容				
	○実習の振り返り，３学期の実習先検討，課題と改善に向けた取組				
3月	記入日　令和　年　月　日				
	進路希望				
	一般就労	希望先		希望職種	
	福祉就労	希望先			
	その他				
	面談内容				
	○実習の振り返り，来年度の実習先検討，課題と改善に向けた取組				

図1―2　担任とのキャリア面談（キャリアカウンセリング）の記録

図１－２の様式を活用し，年度初めと各学期の終わりの少なくとも年４回は，上記のような時間を設けるよう，キャリアノートに入れることとしました。

（4）「キャリア・パスポート」関連（文部科学省，2019b）

『キャリア・パスポート』例示資料等（文部科学省，2019b）から，「学期を見通し，振り返る」と，「○○について（学校行事等）」の二つを，高等部の共通の様式として活用し，キャリアノートに保管することとしました。

前者については，これまで各学年で同様のものがつくられ，取り組まれていましたが，A4片面１枚で，目標設定から評価・振り返りまで，簡潔に分かることなど，良い面が挙げられました。

後者については，運動会や学校祭等の学校行事を，ただ単に行事として終わら

せるのではなく，行事に向けて，自分なりの「思い」をもって取り組み，行事を通した「成長」を促すという意味でも，非常に効果的だという意見がありました。ある学年で，上記の趣旨を反映したワークシートを活用すると，各行事での役割を果たすことを通じた「成長」を表現した生徒や，「人前で大きな声を出すことが苦手」だから，自ら「運動会の応援団長」に立候補し，「成長」したと表現する生徒がいました。キャリア・パスポートは，「学校行事」という学びの節目で，「実践したことを振り返って自他の良さに気付き，認め合ったり，新たな課題を見いだしたりするなど，人間としての生き方についての自覚を深め，学校生活の更なる向上」（文部科学省，2018b）を目指すための一つの手立てだと考えられます。

【参考文献】

中央教育審議会（2011）今後の学校におけるキャリア教育・職業教育の在り方について（答申）.

中央教育審議会（2016）幼稚園，小学校，中学校，高等学校及び特別支援学校の学習指導要領等の改善及び必要な方策等について（答申）.

福安彬・松井優子（2019）みつめる　つたえる　ふりかえる　キャリア・パスポート：最前線で働く特別支援教育のプロが教えます!.

干川隆（2002）教師の連携・協力する力を促すグループワーク−PATHの技法を用いた試み−. 知的障害教育研究部重度知的障害教育研究室，一般研究報告書「知的障害養護学校における個別の指導計画とその実際に関する研究（平成11年度〜平成13年度）」，独立行政法人国立特別支援教育総合研究所，43−47.

菊地一文（2013）実践　キャリア教育の教科書. 学研教育出版，35−37.

文部科学省（2018a）高等学校学習指導要領（平成30年告示）.

文部科学省（2018b）高等学校学習指導要領（平成30年告示）解説　特別活動編.

文部科学省（2019a）特別支援学校高等部学習指導要領.

文部科学省（2019b）『キャリア・パスポート』例示資料等について. 文部科学省，令和元年8月21日，https://www.mext.go.jp/a_menu/shotou/career/detail/1419917.htm（令和2年2月25日）.

文部科学省　国立教育政策研究所生徒指導・進路指導研究センター（2018）キャリア・パスポート特別編1「キャリア・パスポートって何だろう?」. 国立教育政策研究所生徒指導・進路指導研究センター，平成30年5月，https://www.mext.go.jp/b_menu/shingi/chousa/shotou/143/shiryo/__icsFiles/afieldfile/2018/10/03/1409581_013_2.pdf（令和2年2月27日）.

Pearpoint, J., O'Brein, J., & Forest, M.（2001）PATH: Planning Alternative Tomorrows with Hope: A Workbook for Planning Possible Positive Futures.（2nd Ed., 4th printing, 2001），Inclusion Press, Toronto.

❷　進路発表会

１．学びの節目で「成長」を振り返る

　本校では，毎年２月に高等部第３学年
の生徒が高等部第１・２学年の生徒に対
し，進路決定に至るまでの過程や卒業後
のビジョンなどについてプレゼンテー
ションを行っています（写真２−１）。

　平成30年度までの進路発表会は，主に
進路に関する学習についての「結果」に
焦点を当てたものであり，それに至るま
での「過程」について，生徒が思考・判断・

写真２−１
生徒が説明している様子

表現する機会としては十分ではありませんでした。また，生徒の言動として現れ
るものだけでなく，生徒の「思い」や「願い」等の「内面の変容」について見取
ることも十分にできてはいないとの反省がありました。

　中央教育審議会（2011）は，キャリア教育の定義を「一人一人の社会的・職業
的自立に向け，必要な基盤となる能力や態度を育てることを通して，キャリア発
達を促す教育」であり，キャリア発達とは「社会の中で役割を果たすことを通し
て自分らしく生きる過程」だと定義しています。菊地（2013）は，「キャリアは
これまでの生徒の経験の積み重ねの結果」であり，「チャレンジと経験，振り返
りの積み重ねによってキャリアは発達し形成される」としています。また，「単
に知識や技能の習得を目指すだけではなく，物事に対する向き合い方に変化を促
すことがキャリア発達を促す教育＝キャリア教育」だとしています。

　進路発表会は，高等部３年間の学習における，重要な学びの節目であると考え
ています。生徒は，３年間の産業現場等における実習を含む作業学習等の様々な
授業や学校生活等において，「課題を設定し，解決策を考え，実践を評価・改善」（文
部科学省，2019）する過程で，物事に対する向き合い方が変化し，挑戦による成
功と失敗を経験し，それらの経験を積み重ねる度に振り返り，そして「成長」を
遂げてきました。

　以上を踏まえ，「令和元年度　高等部進路発表会〜私の成長の足跡〜」の目的を，

次のとおり設定しました。二つの目的は，文部科学省（2019）の第1章第2節「第5款　生徒の調和的な発達の支援」を基に，キャリア教育の充実を図るという視点で設定しました。

【目的】

・生徒が，学ぶことと自己の将来とのつながりを見通しながら，社会的・職業的自立に向けて必要な基盤となる資質・能力を身に付けていくことができるようにする。

・生徒が，自己の在り方生き方を考え，主体的に進路を選択することができるようにする。

2．当日までの生徒の学び

令和元年度の進路発表会の目的を実現するために，「『成長』の定義ワークシート」（村山，2018）（図2−1）を活用しました。本ワークシートでは，「成長」を題材にして，「自分の経験や認識から本質を引き出し，主観的・意志的な言語として表現」するための作業として，「1　成長体験を思い浮かべる」「2　言葉で表してみる」「3　絵や図で表してみる」「4　行動習慣に落としてみる」のステップを挙げています。個々の体験の「抽象化」「概念化」「具体化」（図2−1）

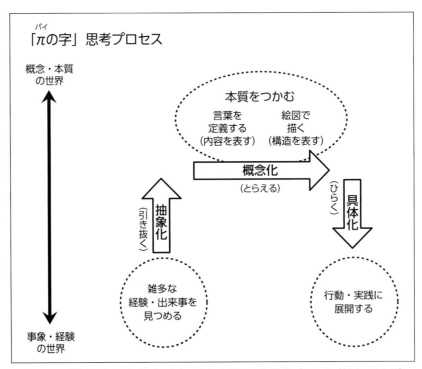

図2−1　「『成長』の定義ワークシート」を活用した思考プロセス（村山，2018）

によって，成長を「意味付け」「成長機会を意図的に」つくり出すことができると考えました（村山，2018）。

「職業」の授業で，実際に「『成長』の定義ワークシート」を使用しました。「作業1：成長体験」を思い浮かべるよう促すと，前節「キャリアノート」にも関わる「実習振り返りシート」を見返し，「実習で出た課題」を受けて学校で取り組んだことで，次の実習では改善された事例等が挙げられました。特に印象深かったのは，どの生徒も「1　成長体験」を複数，それもあまり時間をかけることなく書き出していたことです。「実習振り返りシート」等を活用して，実習，作業学習，日々の学校生活等をつなげ，日頃の気付きや振り返り等を蓄積しておくこ

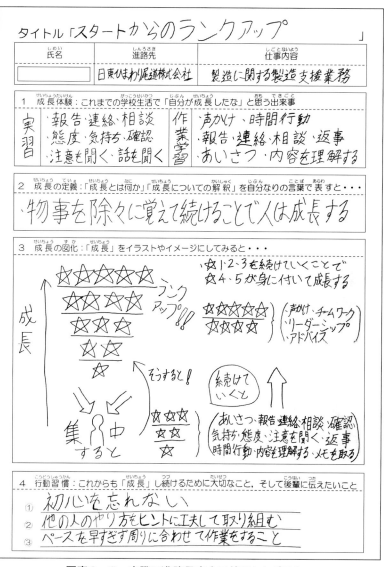

写真2-2　実際に進路発表会で使用したポスター

とが，何より重要だと感じました。

　進路発表会のポスターは，「『成長』の定義ワークシート」をそのまま引用した様式（写真2−2）としました。どの生徒も個々の体験に基づく，オリジナリティ溢れるワークシートとポスターが作られていました。「2　成長の定義」では，「成長とは，自信が結果となって自分の力がついてくるもの」や「成長とは，段階をわけて，一つずつクリアしていくこと」など，非常に興味深い意見が多数出されていました。さらに，「3　成長の図化」では，「体力」「相談する力」「集中力」などのいわゆる「働くために必要な力」を13個挙げ，過去と現在の自分を色の違う0から100までの指標の棒グラフで表現している生徒や，「難しい」「考える」「ひらめき」「行動する」「頑張る」「課題と言われる」「また考えて行動する」「成長」という一連の流れを，人間のイラストと併せて表現している生徒等，こちらも教師顔負けのものばかりでした。特に，進路決定に至るまでに時間を要した生徒の中には，「今」「不安・恐れ」「あこがれ」「失望」「希望」「未来」というキーワードを幾何学図形によって表現しているものもあり，見聞きするものの胸が熱くなったり，心を惹き付けたりするものも複数ありました。

　自分自身の3年間を「成長」という視点で振り返ることにより，今後も「成長」を続けていくために必要な要素を明らかにし，それらを「4　行動習慣」とすることにつなげることが期待できます。また発表する本人以外，特に1・2年生にとっては，自分と他者とを重ね合わせ，自分にとって有効だと考える「行動習慣」を聞いて学び，今後の自身の取組に「般化」させることなども期待できます。

3．当日の生徒の学び

　3年生は各教室でポスターを掲示したり，作成したプレゼンテーションソフトの映像をプロジェクター等で写したりしました。1・2年生は聞きたい内容の場所を見て回り，説明や質疑応答を自由に行う形態で発表を行いました（ポスター1カ所に集まった1・2年生の人数は，概ね1〜2名程度）。3年生は事前に発表原稿を考えていたため，初めは目線が手持ちの原稿の方に下がっていました。「原稿通りに言えなくてもいい。できるだけ顔を上げてみよう」と教師からのアドバイスを受けると，徐々に顔が上がり，発

写真2−3
進路発表会当日の様子

表を聞いている後輩の方を向きつつも，ポスターの該当部分を指し示しながら発表することができていました（写真2-3）。

　ここで当日の生徒と教師のやり取りを紹介します。ある生徒が自身の成長として，「時間を守ることができるようになったこと」を挙げました。教師は「時間を守れるようになって，何か良かったことはある？」と尋ねました。その生徒は「信頼が得られるようになったこと」「授業に早く行くと，先生から『〇〇の準備を手伝って』『〇〇さんのサポートをお願い』と，物事を頼まれるようになった」「頼まれたことをやり切ることで，先生からの信頼を得られるようになった」と説明していました。

　当日の発表の後，2年生は振り返りを行いました。生徒からは，「先輩の話を聞いて自分が成長するヒントがありましたか」という項目に対し，「あった」「自分には何が足りないのかが分かる」や「できないことは，くり返し練習をすること。失敗してもめげずに頑張ること」などの意見がありました。

【参考文献】
中央教育審議会（2011）今後の学校におけるキャリア教育・職業教育の在り方について（答申）.
菊地一文（2013）実践　キャリア教育の教科書. 学研教育出版.
文部科学省（2019）特別支援学校高等部学習指導要領.
村山昇（2018）働き方の哲学　360度の視点で仕事を考える. ディスカヴァー・トゥエンティワン, 86-91.

❸　企業等懇談会

１．目的

　産業界との連携として中央教育審議会（2011）では，「地域の学校と地域・社会や産業界との効果的な連携の促進が期待されるところであり，少なくともこのような取組を各地域・社会で構築していくことが必要…（中略）…進路指導・キャリア教育を担当する委員会・部会等が中心となって，各学校と地域・社会や産業界等との連携を調整することも効果的と考えられ，このような取組も期待される。」と示されている。また外務省はSDGs（2016）の取組として「2030年までに，若者や障害者を含む全ての男性及び女性の，完全かつ生産的な雇用及び働きがいのある人間らしい仕事，並びに同一労働同一賃金を達成する。」としています。

　本校高等部の卒業後の進路は，6〜7割が一般企業へ就職しており，年々就職先を開拓する必要性があります。そこで授業見学や生徒との懇談会を通して，障害のある生徒への理解を促し，中小企業家同友会や各企業と学校が連携を深めながら，障害者雇用につなげ，就職希望生徒の進路実現を目指すことを目的とし，「企業等懇談会」を実施しています。平成28年度から実施し，平成29年度から本校主催で毎年7月に行っています（平成30年度は西日本豪雨災害のため11月に実施）。参加者数は下記の表のとおりです。

平成28年度	27団体27名
平成29年度	31団体44名
平成30年度	12団体15名　※西日本豪雨災害のため11月に実施
令和元年度	17団体31名

２．日程

時間	内　容	
2	パワーアップタイム	授業見学
3	授業	授業見学　　生徒による授業説明
4	懇談会	
おもてなし		

　日程は，2時間目（9：35〜9：55）・3時間目（10：05〜10：50）の授業を参観していただき，4時間目（11：00〜11：45）に企業と生徒の懇談会，4時間目終了後に生徒が企業の方々におもてなしをする計画としました。

3．内容

（1）2時間目

　本校では毎日2時間目に20分間のパワーアップタイム（体育）の時間を設け，全校で個別の目標に沿って体力つくりに取り組んでいます。日頃から働くための基礎的な力である，体力についてどのように取り組んでいるか，その様子を見ていただいています。

（2）3時間目

　3時間目は企業の方々に，グループに分かれていただき，高等部作業学習の授業を見学していただきます。生徒は，自分たちの取り組んでいることを言語化し他者に分かりやすく伝えるため，企業の方々に授業内容の説明を行っています（写真3-1，3-2）。オープンスクールなど様々な行事においても，言語化し説明する場面を多く取り入れているため，生徒は原稿等がなくても作業内容の意味や意義を理解し，説明する力が身に付いてきています。

写真3-1　農業の説明

写真3-2　布工の説明

（3）4時間目

　4時間目は，グループに分かれて生徒と企業の方々が懇談会を行います（写真3-3）。質疑応答による対話を行うことで，生徒のコミュニケーション能力を見てもらったり，それぞれの企業の仕事内容や仕事に必要な力，学校生活で身に付けておかなければならない力等について，教えていただいたりします。中央教育審議会（2011）では，「卒業生・地域の職業人等とのインタビューや対話，就業体験活動等の体験的な学習の機会を，計画的・体系的なキャリア教育の一環として十分に提供し，これらの啓発的な経験を通して，進路を研究し，自己の適性の理解，将来設計の具体化を図らせることである。具体的に人や現場を通して，自己と社会の双方についての多様な気付きや発見を経験させ，自らの将来を考えさせることが効果的である。」としています。

　懇談会に向けて生徒は事前に企業に対して質問を考えています。また，その場で企業の方々から質問を受ける場面もありますが，その場で考え，答えることができています。日頃から説明する力に加え，「なぜ・何のために」などを考えながら授業を行っているため，生徒も躊躇せず自分の考えを伝えることができるようになってきました。

　最後に，各グループの感想を全体会で生徒が発表します（写真3－4）。障害者雇用をされていない企業に，障害のある生徒について理解を深めていただけるような機会になればと考えています。

写真3－3　グループ懇談会

写真3－4　全体会

（4）おもてなし

　全体会終了後には，企業の方々におもてなしを行います。高等部第2・3学年の作業学習食品グループの生徒が焼菓子を製造し，接客サービスグループの生徒がドリップ式でコーヒーを提供します（写真3－5）。令和元年度はさをり織の販売，木工の実演も併せて行いました（写真3－6）。企業の方々の前で，作業学習で身に付けた技能を発揮・披露することで自己肯定感を培うことができています。

　このおもてなしの様子をご覧になられたイオン三原店様から出品してはどうかとのお話をいただき，イオン30周年記念物産展に本校作業学習の製品を出品さ

写真3－5　おもてなし

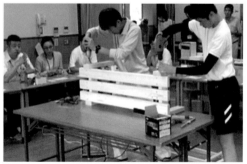

写真3－6　木工の実演

せていただきました。

４．企業の方の声

　企業の方々にアンケートを実施し，毎年内容について満足していただいています。自由記述では，「生徒さんのイキイキとした姿や笑顔を見ることができて良かった。授業の様子を生徒が説明されていたので良かった」や「作業については，工程が細分化されており，振り返り，評価を行っていたので良かった。質問に対し，企業側も仕事について考え，答える場面があって良かった。生徒主導の場を見学させていただけて良かった」などの肯定的な意見を聞くことができています。

５．職場開拓へ

　近年，高等部卒業後に就労を希望する生徒が増える状況にあります。生徒が実習等の体験を通して進路について考え，進路希望を実現するために，職場実習先，進路先を新たに開拓する必要が生じています。また，教師自身も実際に職場に出向き，生徒の思いや学校での取り組みを伝えつつ，生徒の卒業後の職業生活を意識することを目的に，JSTの指導のもと，小・中・高等部教師による進路開拓を実施しています。

　企業等懇談会に参加していただいた企業の中で，障害者雇用を実施しておらず，前向きな意見をいただいた企業様を対象に，小・中・高等部教師が二人一組になって，企業訪問を行っています。小・中学部の教師も企業訪問に出向くことで，小・中学部の児童生徒の将来像を教師自身が描くことができるようになります。

【参考文献】
中央教育審議会（2011）今後の学校におけるキャリア教育・職業教育の在り方について（答申）.
外務省（2016）我々の世界を変革する：持続可能な開発のための 2030 アジェンダ.

④ 技能検定・アビリンピック

1．広島県特別支援学校技能検定とは

　広島県特別支援学校技能検定とは，特別支援学校に通う知的障害のある生徒の技能等を客観的に評価することで就職を支援しようと，平成23年度から始まった認定制度です。清掃・接客・ワープロ・流通・食品加工の5分野11種目に毎年，多くの生徒が挑戦し，優れた技術と就労への態度，自信を身に付けて社会に巣立っています。

（1）広島県特別支援学校技能検定の種目（5分野11種目）

分　野	種　目
清掃（写真4−1）	テーブル拭き，自在ぼうき，モップ，スクイージー，ダスタークロス
接客（写真4−2）	喫茶サービス
ワープロ	速度・文書作成
流通・物流	商品化，運搬・陳列
食品加工	調理（おにぎり），技術（ポテトサラダ）

写真4−1　清掃　　　　　　　　　写真4−2　接客

（2）実施場所・時期

　実施場所は，広島県内の4会場（広島大学，広島北特別支援学校，福山北特別支援学校，広島市立特別支援学校）。

　実施時期は，第1期として6月～7月の土曜日・日曜日，第2期として10月～11月の土曜日・日曜日。

（3）認定と表彰

　技能検定会場ごとに表彰式が行われています。認定級は1級～10級まであり，

種目によって求められる技能や受験態度・身だしなみや挨拶なども審査項目に含まれます（図4－1，写真4－3）。

また，各分野で審査員になるために，毎年行われる実技研修会に参加して，一定の基準を満たすよう教師も研修に励んでいます。

写真4－3　表彰式（ワープロ）

検定日：令和　　年　　月　　日（　　）

級	検定の流れ	項目番号	評価項目	評価内容
10級〜9級	準備	1	（審査員に呼ばれて準備開始）	□衛生的な服装等（頭髪，ひげ，爪，服装）　□返事をする
			マスクの着用	□マスクを付ける（鼻を覆う）
			ネット帽子の着用	□頭部にネットを付ける　□ネットの中に髪の毛を入れる
			上着の着用	□上着を着る　□ボタン（又は，ファスナー）を留めて，上着を整える
			ローラーがけをする	□全身にローラがけをする
			審査員に開始を伝える	□適切な声の大きさ及び態度で伝える
	手洗い	2	手洗い	□流水で予備洗浄　□手を洗う（手の平・甲・指の間・指先・手首から肘）　□爪　□流水ですすぐ　□ペーパータオルで拭く　□アルコール消毒液を擦りこむ
8級〜1級	調理	3	材料・調理道具の準備	□材料を準備する　□調理道具を準備する
		4	米を研ぐ	□米1合をざるに入れる　□ざるとボウルを使って研いでいる　□3回水をかえ
		5	炊飯器で炊く	□内釜を炊飯器に入れる　□決まった水分量を入れる　□炊飯器の蓋を閉める
			パック・手水を準備する	□パックを準備する　□手水を準備する
		6	ビニル手袋をはめる	□ビニル手袋を正しくはめる　□はめた後は，衛生的に扱う
		7	おにぎりを作る	□おにぎりを2個作る（手で握る）　□同じ大きさに握る　□同じ形に握る
		8	おにぎりをパックに入れる	□作ったおにぎりをパックに入れる　□バランを入れる　□たくあんを2枚入れ
			ビニル手袋をはずす	□ビニル手袋をはずす　□ビニル手袋を三角コーナーに捨てる
			パック詰めをする	□ふたを閉めて輪ゴムをかける

図4－1　評価表の一部抜粋【食品加工（調理・加工）】

2．本校の実施状況

本校では，作業学習の指導と成果を発揮する場として，技能検定の受検を推奨しており，昨年度1年間で延べ100名以上の生徒が受検し，級を取得しています（図4－2）。また，昨年度は，技能検定において全種目1級を取得した生徒が広島県教育委員会メープル賞※を受賞しています。

	清掃					接客	食品加工		ワープロ	流通・物流	
平成30年度　広島県特別支援学校技能検定	テーブル拭き	自在ぼうき	ダスタークロス	モップ	スクイージー		調理（おにぎり）	技術（ポテトサラダ）		商品化	運搬・陳列
1級	6	7	3	2	2	3	3	5	10	5	3
2級	3		2	1	2	1	2		3	3	
3級	4	4		1	2				6		
4級		1	4	1	2			1	1		
5級	1	1				1			2		
6級	1					1			1		
7級	1										
8級											
9級											
10級	1			1					1	1	
級なし	1	1									
合計	18	14	9	6	8	6	5	6	24	9	3

図4-2　本校における平成30年度広島県特別支援学校技能検定結果状況

3．障害者技能競技大会（アビリンピック）

　障害者技能競技大会（以下アビリンピック）とは，独立行政法人高齢・障害・求職者雇用支援機構が実施する，障害のある方々が日頃培った技能を互いに競い合うことにより，その職業能力の向上を図るとともに，企業や社会一般の人々に障害のある方々に対する理解と認識を深めてもらい，その雇用の促進を図ることを目的に開催されているものです。また，特別支援学校の生徒だけではなく，すでに働いている一般の方々も出場されています。本校では近年，1月に開催される広島県障害者技能競技大会（広島アビリンピック）に出場する生徒が増えてきています。それに伴い，出場種目もビルクリーニング（写真4-4），喫茶サービス，製品パッキング（写真4-5），オフィ

写真4-4　ビルクリーニング

写真4-5　製品パッキング

スアシスタント，ワードプロセッサと増えてきました。

　本校の生徒は，広島県特別支援学校技能検定へ意欲的に挑戦する生徒が多く，

その先の挑戦としてアビリンピックがあると捉えています。ビルクリーニングと喫茶サービスは，技能検定や作業学習（メンテナンス，喫茶サービス）で身に付けた知識・技能が基礎となり，その応用として挑戦できる種目のため，生徒はより一層自分の技能を上げようと意欲的に挑戦できています。また，出場を決めた生徒は，朝や放課後の練習に意欲的に取り組んでいます。生徒たちは，前年に出場した生徒や先輩から指導を受けたり，練習動画を見ながらどのようにすれば効率よくできるかなどを考えたりしながら意欲的に練習に励んでいます。

　平成 30 年度に行われた広島アビリンピックでは，製品パッキング部門において金賞を受賞し，全国アビリンピックに出場した生徒がいます。全国大会ではレベルの高さに驚くこともありましたが，その経験や悔しさが生き，その後も練習を重ね，２年連続金賞を受賞し全国大会に出場することができました。また，先輩を超えようと努力を重ねた後輩が，令和元年度の大会で活躍を見せ，本校では３年連続で金賞受賞者を輩出することができました。ビルクリーニングにおいても銀賞，銅賞と２年連続で受賞者を出すことができています。

※広島県教育委員会メープル賞とは
　学校教育，社会教育，体育・スポーツ，文化等の分野において，全国規模の各種大会，競技会等で優秀な成績を収めるなど，学習活動等の成果が他の模範として推奨できる児童・生徒に対し，平成元年の創設以来，広島県教育委員会が表彰しているものです。

【参考文献】
広島県教育委員会　令和元年度広島県特別支援学校技能検定リーフレット

⑤ 美術・アート作品
アートにコンクールに自分に「挑戦」！

　本校では，「礼儀」「感謝」「挑戦」という校訓のもと，小学部から高等部まで系統性をもって，日々，教育実践に取り組んでいます。

　私は，高等部で美術を教えていますが，やはり，美術と言えば「挑戦」が大きなテーマであると思い取り組んできました。何年も前に初めて特別支援学校に赴任し，子供たちの描く，創作する作品に出会った時，その自由奔放さ，ダイナミックさ，個性の塊のような輝きに満ちた，その芸術性に驚かされました。それまで普通科の高校現場で，美術を教えることの難しさ，特に自分の「個性」を生かし他人と違うことを「恥ずかしい」と思い，周囲を気にしながら描く高校生の姿に直面し，その「絵離れ」の状況を打破できずにいました。

　特別支援学校に転勤となり，この素敵な作品をどんどん学校から外へ出して，多くの人々の目に触れさせ，その素晴らしさを広めていくこと，それこそが，障害をもった子供たちが，社会に理解され，社会に貢献できるのでは，と考えるようになりました。また県内外のアートコンクールにも果敢に「挑戦」し，数多くの実績を積み上げてきました。今回は，その実践の一部を紹介していきたいと思います。

1. 美術教科の小・中・高等部間の系統性

　本校では，小・中・高等部の美術担当者が集まり，系統性をもった教育の推進のため，話し合いを重ねてきました。小学部では，様々な素材や造形的な手法を用いて，造形の基本となる経験と何よりも「つくることの楽しさ」を重ねていくことが大切であると感じています。それを受け継いで中学部では，より作品づくりの幅を広げ，一つの作品を単発の授業だけでなく，完成させるまで継続して制作を行い，達成感を味わうところまで取り組んでいます。そして，高等部では，単元の時間を大幅に増加し，「絵画」の単元では，半年を要する期間を使って制作しています。これは，今まで培ってきた美術の力を一つの作品に込めて，より完成度の高い作品を納得いくまで制作し，それを様々な場面で発表し，そこで得られた評価によって，より質の高い達成感や成就感を味わうこと，そういった大きな目標をもって取り組んでいます。

2. アクリル絵の具は優等生

　高等部では，１年間の美術の授業のうち，前半を「絵画」，後半を「立体」という内容で進めてきました。長時間をかけての制作なので，より柔軟性のある素材，いわゆる失敗のない素材を使って取り組んできました。いろいろな素材を使ってみて，「絵画」で，私が辿り着いたのが，「アクリル絵の具」と「油絵具」の併用でした。

　アクリル絵の具は，水性で扱いやすく乾くと強固で，どのような支持体（キャンバスなど）にも対応できます。今では，とてもポピュラーな画材となり，学校

現場でも多く使われるようになってきました。

　私もアクリル絵の具を中心に「絵画」の授業を展開してきましたが，子供たちの最初に描くエスキース（画用紙に色鉛筆で，自分の描きたいテーマを選んで描く）をよく見ていると，そこに色やタッチのこだわりがあり，それが表現しきれていないのでは，と物足りなさを感じていました。この「こだわり」をどう表現していくのか，そこがポイントです。

3．油絵具を教材にできるのか？

　そこで油絵具を併用し，アクリル絵の具で制作した上に，さらに油絵具で仕上げを進めるよう，子供たちに提案してみました。より細かく，より色鮮やかに，より力強く，より凸凹させたい，いろいろなことが実現可能となり，子供たちの「やってみたいこと」に応えることができるようになったと思います。ただし，これは決して全員に当てはまることではなく，アクリル絵の具のもつ，ポップな感覚に合う作品やアクリル特有の色など，アクリル絵の具のままで完成まで制作しようと判断することもあります。

　また油絵具を併用する際に，いろいろな課題もありました。まず絵の具が高価であること。これは，共同購入という形をとり，紙パレットは使わず，代用できる牛乳パックを再利用し解決しました。難しいと思われる技法についても，でき

る限り簡略化し，私が調合したペインティングオイル（絵の具と混ぜるオイル）を絵の具と混ぜるだけで制作できるようにしました。そして何よりも大事なことは，子供たちも含め周囲の理解を得ることでした。

4．制作のモチベーションが大事

　制作の場面では，「生徒一人一人がアーティスト」であり，主体性を大切にすること，生徒の「制作するモチベーション」を大事にしてきました。

　モチベーションに関しては，導入の時間に「○○コンクールにみんなでチャレンジしよう」と宣言し，今までの先輩の作品や活躍をプレゼンテーションソフトで紹介し，動機付けを行ってきました。中でも授賞式の行われる東京に招待してくれるコンクールの話は，一番盛り上がり，生徒たちの目が一瞬で輝きます。

　生徒の作品が，アートであるという考えは，最近では障害者アートの台頭により，すんなりと受け入れられる話ですが，以前は，保護者や周囲の教職員に理解されるまでに時間がかかったことを覚えています。アーティストであるということは，制作の環境や道具の準備など，より本人が表現したいものを個別に提供でき，最初のエスキースづくりから最後の完成まで，本人の自己決定を尊重していかなければならないと考えます。

5．アドバイスメモが有効

　制作の際，一番難しいことが，どのように支援，もしくはアドバイスしていくか，ということだと思います。自分の描きたいものを，どう描いていったらよいのか，わからない。その一点で制作に行き詰まっている生徒は，少なくないのではないか？　そう考えて様々な支援の方法を模索してきました。

　今，私の中で，一番効果的であったと思える指導法は，アドバイスメモの活用です。一人一人の生徒が，全く違う内容（タッチも技法も使う絵の具すら違って

いる）で制作しているのだから，一斉授業のような形態でアドバイスしていくことは困難だと考えます。そういう授業をしていた頃はいつも，「あの子にこういうアドバイスを伝えたかった」と時間不足で支援できなかったことに反省ばかりしていました。そこで苦肉の策として，アドバイスメモを作って，読んで理解できる生徒には，それで見通しをもってやってもらおう，と始めました。メモには，今日の授業で制作したらよいと思われる手順と使う色や道具などを簡単に書くことにしました。

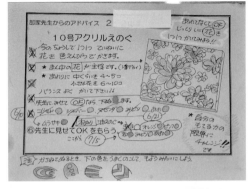

6．専門性ゆえの落とし穴

アドバイスメモを書く時に，いつも悩むことは，どこまで支援するのか？　過ぎる支援はかえって子供の成長の妨げでしかないのでは？　ということです。

ただ，私たちのように美術を専門としてきた者には，「自分はできたのだから」という専門性ゆえの落とし

穴のようなものが存在していると思うのです。頭で描けたものをさっと絵にできるのは，そういった経験の積み重ねや技術を学んできた賜物に他なりません。

例えば，肌色ひとつをとってみても，私たち美術の教員は，いろいろな色を組み合わせて何通りもの肌色を作ることができますが，生徒によっては朱色と白色を混ぜて肌色を作るということすら，観念的で受け入れが難しい場合もあります。塗りたい色は肌色なのに，それを作ることは思いのほか難しいのです。だから今の私は，あえて「おせっかい支援」を提唱して，生徒たちが「教えてほしいことは，全部答える」，手順から今日塗る色から最後のサインの入れ方まで，全部メモに書いて制作の道しるべとしています。

7．障害者アートの今後と展開

　最後に，美術作品の完成後の展開についてお話しします。作品は，本校の芸術祭から高等学校地区美術展，特別支援学校美術・工芸展，中国地区の障害者コンクール，全国レベルの大きなコンクールなど可能な限り出品参加してきました。最も難しいとされているコンクールにも7年連続で受賞者を輩出し，そこで認められた作品が，さらに全国誌の表紙を飾ったり，企業カレンダーや音楽コンサートのポスター，展覧会のDM，チラシ，ラッピング電車のデザインなどに採用されたりしています。これらのことが生徒たちの制作意欲を増幅させていく役割を果たしてくれていると日々，感じているところです。

　最近では，障害者による文化芸術活動の推進に関する法律が施行され，障害者芸術文化活動普及支援事業等，新たな追い風の中，障害者アートを商品化していく取組も多くなってきました。本校の生徒作品も，その取組の中でオファーを受け，個々で契約を結んだ生徒もいて，タオルやメモ用紙の表紙，ドリップコーヒーのパッケージなど，自分の作品が，商品となって世の中に出ていくという夢のような展開もすでに始まっています。

❋ Coffee Break ❋
やっさ祭り・おひなまつり
社会参加・社会貢献

やっさ祭り

　本校がある三原市では，「浮城まつり」「神明市」「さつき祭り」「やっさ祭り」の4大祭りをはじめ，様々な行事が行われています。

　本校も地域の行事を盛り上げようと，毎年「やっさ祭り」（8月），「おひなまつり」（2月）に参加しています。

　「やっさ祭り」では，「やっさ，やっさ〜」の掛け声をかけながら，笑顔で楽しく踊り，三原の街を盛り上げます。

　「おひなまつり」では，石に絵の具で色を付けたり，折り紙を貼ったりして作っています。個性豊かなかわいらしい石のおひなさまが，三原の神社やお寺の石段に並びます。

おひなまつり

児童生徒が作った
石のおひなさま

6　三原検定

　三原検定は，平成23年度から，生徒が自立した社会生活を送るために必要な基本的な社会的スキルや礼儀作法を身に付けることを目的に，本校で独自の検定項目を策定し，実施を始めたものです。その後，この検定を一般就労生徒だけが受験するものではなく，福祉就労を目指す生徒に対しても，マナーや礼儀作法の重要性を考え，上級・中級・初級と区分し，生徒の実態に即した受検内容に変更しながら，令和元年度まで実施してきました。

1．目的
・自立した社会生活を送るために必要となる基本的な礼儀作法を身に付ける。
・達成可能な目標に取り組み，成功体験と達成感を得るとともに自己肯定感を高める。
・生徒のスキルを把握し，指導の充実・改善に役立てる。
　三原検定で期待される成果を次に示します。

三原検定で期待される成果

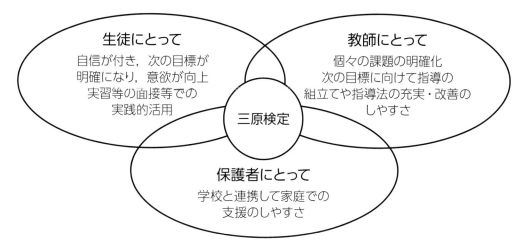

181

２．取組の概要

（１）担当分掌と対象生徒

　生徒指導部が行い，高等部生徒は全員が対象です。

（２）検定の流れ・検定項目等について

　「三原検定　段階表（上級）」（下表）を参照。中級・初級用の段階表もあります。

「初級，中級，上級用検定員マニュアル」もあります。

（３）級の決定

　検定の合計得点を基に，次表により判断し決定します。

級の基準

級	合計得点	級	合計得点
1級	40点	6級	27～25点
2級	39～37点	7級	24～22点
3級	36～34点	8級	21～19点
4級	33～31点	9級	18～16点
5級	30～28点	10級	15点以下

三原検定　段階表（上級）

①返事・挨拶	□検定員の目を見る □指先を揃えて伸ばし，体側に付け，気を付けの姿勢 □「はい」と返事をする　意思表示 □適切な声の大きさで「よろしくお願いします」と言う　意思表示 □腰から曲げて礼をする
②服装・身だしなみ	□検定員の目を見る □指先を揃えて伸ばし，体側に付け，気を付けの姿勢 □「はい」と返事をする　意思表示 □適切な声の大きさで「よろしくお願いします」と言う　意思表示 □腰から曲げて礼をする
③靴を揃える 　入室	□つま先を入ってきた方に向け，手で揃えて並べる □3回ノックをする □ドアを開け，「失礼します」と言う □腰から曲げて礼をする □敷居を踏まずに入室する
④椅子に座る	□つま先を入ってきた方に向け，手で揃えて並べる □3回ノックをする □ドアを開け，「失礼します」と言う □腰から曲げて礼をする □敷居を踏まずに入室する
⑤自己紹介 　面接 （写真6-1）	□面接官の目を見て答える □適切な声の大きさで答える　筆記で応答する □所属と氏名を答える　□いくつかの質問に適切に答える

⑥畳の部屋へ 　入室	□3回ノックをする　　　　　□ドアを開け，「失礼します」と言う □腰から曲げて礼をする　　□敷居を踏まずに入室する
⑦電話を受ける （写真6-2）	□「です」「ます」を用いる　　　□所属と氏名を名乗る □用件（氏名・番号）を聞き取る　□復唱する
⑧電話をかける	□「です」「ます」を用いる　　　□所属と氏名を名乗る □誰からの電話かを伝える　　　□番号を伝える
⑨正座・椅子に 　座る	□背筋を伸ばす　　□あごを引く　　　□動かない ※正座の場合 □足の親指と親指を重ねて座る　　□手は指先を重ね，膝の上に置く ※椅子の場合 □背もたれに寄りかからない □手は膝の上に置く（男子は軽くこぶしを握る，女子は指先を重ねる）
⑩退室	□検定員の目を見る □指先を揃えて伸ばし，体側に付け，気を付けの姿勢 □適切な声の大きさで「ありがとうございました」と言う　意思表示 □腰から曲げて礼をする □敷居を踏まずに退室する

（4）検定実施時期

　検定開始当初は，概ね学期に1回程度として実施してきましたが，ここ数年は生徒の1年間の成長を確認し，次年度への課題を明確にする意味も込めて，3学期に行うこととしています。

（5）取り扱う領域

　「職業」の時間に練習及び検定を実施しました。

（6）実施場所・内容

　受検者は，別会場で待機し，検定員の誘導により検定会場に向かいます。検定員は生徒指導部等の4名で行い，「三原検定段階表」（上表）により，検定10項目を一連の流れで行い審査します。検定員1（誘導・入室から服装や礼儀作法等の全検定を評価），検定員2（面接評価），検定員3（電話対応評価）で行います。複数名で実施することで客観的評価になるように留意しています。

写真6-1　検定の様子（面接）

写真6-2　検定の様子（電話対応）

3．今後に向けて

　令和元年度も多くの生徒が受検し，服装等の身だしなみやマナー，挨拶や礼儀作法，面接や電話対応等に取り組み，多くの生徒が自己の達成感とともに上位級を取得し，自己肯定感を高めることとなりました。今後に向けて，社会人として身に付けたい基礎的な内容として，検定項目の再検討などを行いながら更新を図り，さらに発展・継続させていく必要があると考えます。

❋ Coffee Break ❋

かえるかいぎ

　本校では，働き方改革の観点で令和元年度から「かえるかいぎ」を始めました。「かえる」とは「働き方を変える」と「早く帰る」の意味が含まれています。全教員を小・中・高等部縦割り5～6人の小グループに編成し，月1回10分間で行います。日常の気付きを出し合い，それを改善するためのアクション案まで出し合います。グチ・不満もOK，出た意見は否定しない，必ずアクション案まで出すなどのルールがあります。

　教員一人一人が働く環境を改善する主体となるべく行動する組織です。

　これまで，会議や家庭訪問の在り方，特別教室のカギ管理についてなど，意見を出し合い改善につなげました。

かえるかいぎの様子

「児童生徒のキャリア発達を支援するために」

国立特別支援教育総合研究所　主任研究員　坂本　征之

キャリア教育の意義

　平成29年4月に告示された特別支援学校小学部・中学部学習指導要領第1章総則第5節1「児童又は生徒の調和的な発達の支援」（3）に，「学ぶことと自己の将来とのつながりを見通しながら，社会的・職業的自立に向けて必要な基盤となる資質・能力を身に付けていくことができるよう，特別活動を要としつつ各教科等の特質に応じて，キャリア教育の充実を図ること」と明示されました。キャリア教育の充実が総則に明記されたことによって，キャリア教育の本質である学ぶ意義と自らの将来を結び付けていくことの重要性とともに，障害の有無や学校段階を問わず，系統性と一貫性のあるキャリア教育を実践していくことの必要性が明確に位置付けられたのです。

　「キャリア教育」は，中央教育審議会答申「今後の学校におけるキャリア教育・職業教育の在り方について」（平成23年1月）において，「一人一人の社会的・職業的自立に向け，必要な基盤となる能力や態度を育てることを通して，キャリア発達を促す教育が，『キャリア教育』である」と定義されました。また，「キャリア」を「人が，生涯の中で様々な役割を果たす過程で，自らの役割の価値や自分と役割の関係を見いだしていく連なりや積み重ね」（同答申）としています。

　キャリア教育推進の背景には，社会の急激な変化が挙げられます。予測が困難な時代においてキャリア教育は，社会の創り手となる子供たちが「生きる力」を身に付け，社会の激しい変化に流されることなく，自己実現に向けて，他者や社会とのかかわりの中でキャリア発達を支援していくために，ますます重要な教育理念ということができます。

児童生徒のキャリア発達を促す取組

　筆者が勤務していた高等特別支援学校で，地域協働活動の一つとして実施した生徒が先生役を務めるワークショップの活動から，キャリア発達を考えます。

　まずは，学校内の実践です。近隣に在住する民生委員さんに対して，製品づくりを教える機会をいただきました。他者に教えるということは，自分の中で伝えたいことを整理し，相手に理解してもらえるように伝えることが求められます。教え方を先生役の生徒に任せると，生徒たちは民生委員さんに対して，楽しく製品づくりができるように雑談を交えたり，失敗した工程を一緒にやり直したりするなど，工夫を凝らして臨んでい

ました。製品が完成すると「教え方が丁寧で，会話も楽しく，満足な仕上がりの作品を作ることができた」などと，その場で感想をいただき，お互いが笑顔で活動を終えることができました。

　次に，学校外の実践です。保育園の園児に対して，体験活動の先生になりました。初めは民生委員さんと同じように教えようとしていた生徒たちの表情が，あっという間に曇っていきました。自分たちが思っていたように作業してもらえず，頭を抱える生徒もいました。しばらくすると，一人の生徒がしゃがみ込んで園児の顔を覗き込み，どうしたら上手にできるのかを一緒に考え始めたことをきっかけに，どう教えていくかを相談し，全生徒が目線を園児の高さに合わせて，声をかけるようになりました。園児たちも少しずつ集中して作業に取り組むようになり，最後はお礼の言葉をいただき，笑顔で活動を終えることができました。

　この体験から生徒たちは，自己肯定感や自己有用感の高まりによって得られた自信から，困難な状況にあっても諦めず，挑戦する意欲的な姿が見られるようになってきました。どうしたらよいのか考え，その状況における納得解を導き出し，相手に自分の言葉で伝えていくことは，過去の学びを今に生かし，次の場面に活用していくことにつながっていきました。

児童生徒のキャリア発達を促す教育を充実していくために

　児童生徒の「内面の育ち」に注目し，学習活動の「節目」を意図的に創り，児童生徒自身が振り返り，言語化したことを「学びの履歴として蓄積する」ことによって，児童生徒のキャリア発達を促すことにつながっていきます。そのためには，教育活動全体を通じてキャリア発達を支援する取組が，持続可能な取組として継続していくための組織マネジメントが必要となります。

　また，児童生徒のキャリア発達を支援するためには，教員も主体的に学び，児童生徒や保護者，地域の方々，教員同士など学校内外での様々な対話を通して，児童生徒の変容から考え，深めていくことによって，教員自身のキャリア発達を促すことが，キャリア教育の充実には必要であると考えます。

　広島県立三原特別支援学校の取組は，まさにキャリア教育の理念を軸として，新学習指導要領で示された4つのキーワード（社会に開かれた教育課程，育成を目指す資質・能力，主体的・対話的で深い学び，カリキュラム・マネジメント）を実現するための実践として，多くの学校にとって参考になる取組です。本書で紹介されている「組織的・創造的なカリキュラム・マネジメント」「児童生徒・教員の主体的な学び」「地域との協働・共創」などのキーワードを基にした取組を継続していくためのシステムとサイクルを確立し，児童生徒，教員，地域にとってなくてはならない学校として，より一層の発展を期待しています。

第3部

教員の主体性・創造性を引き出す学校経営マネジメント

第1章

社会参加・社会貢献に主体的に挑戦できる人間の育成

第1章
社会参加・社会貢献に主体的に挑戦できる人間の育成

1．はじめに〜『社会貢献』を学校教育目標に入れた理由〜

　三原特別支援学校は小学部，中学部，高等部を設置する全校生徒 120 名規模の知的特別支援学校です。広島県のちょうど真ん中，海寄りにある三原市街地から 10 キロちょっと離れた周りを山と田んぼや畑に囲まれた三原駅から 1 時間に 1 本のバスが交通手段という自然豊かなところに立地しています。児童生徒は，三原市以外からも隣接する竹原市，世羅郡世羅町，東広島市の一部からスクールバスと公共交通機関で通学しています。

　本校のミッションとして挙げているのは「自立と社会参加そして社会貢献に主体的に挑戦できる人間の育成」です。学校教育目標もこれに従っています。また，育てたい児童生徒像のキーワードとして「礼儀」「感謝」「挑戦」の三つを上げています。本校の教育はこれらを目指して行っています。

　この中でポイントとなるのが『社会貢献』です。平成 26 年度から加えたものです。最初は，本校の教職員にとってもなかなか納得できるものではなかった概念です。なぜ教育に『社会貢献』が入るのか。障害のある本校児童生徒にとって『社会貢献』とは何なのか。教育活動の中でどのように入れていけばよいのか。なかなかイメージがわきにくいものだったと考えます。

　しかし，本校に学ぶ子供たちは将来，社会に巣立っていきます。社会の中で生きていきます。その姿を見据えた教育が必要だと考えたのが『社会貢献』を加えた一番の理由です。

　今の子供たちの現状を見て，そこから課題設定をして，目標を立てていくことが多いのが学校です。しかし，過去はこうだったからとか，今はこうだから，などという観点で目標（ゴール）を決めることには疑問がありました。保護者との

話の中でもいつも『過去と現在』を見て話をします。その中では今のしんどさを
どう克服するかということが中心になり，なかなか将来展望を見いだせずにいま
した。

　そこを大きく転換させることが必要でした。ゴールを5年後，10年後の子供
たちの姿に置く。そのための今があることを強く意識付ける必要がありました。

　社会に出た子供たちはどのように生きていくのでしょうか。福祉事業所でも企
業就労でも，社会の中で活躍する場というのはどのようなイメージを持てばよい
のか。そこが『社会貢献』です。地域のために役に立つ人間であること。「あな
たがいてくれるから助かる」と感謝される存在であること。そういう人間であっ
てほしいと思いますし，そのためには，卒業して社会に出れば自然とそうなるの
ではなく，在学中から地域を意識して，地域と共に生きて『地域貢献』する活動
を教育活動の中に組み入れていくことが重要だと考えたからです。

2．10年後を目指し，現状の中から目指すことは

　本校の教職員の構成は，教員経験年数が10年未満の教職員が75％に達し，年
齢構成でも30歳以下が36％，40歳以下にすると62.5％となっています。どこの
学校でも似た状況であると思います。これから10年後の特別支援学校を考える
と人材育成が喫緊の課題と考えます。全てではありませんが，若い先生方は自ら
考えて動くのではなく，周りを見て，誰からかの指示を受ける。そして，それに
対しては，真面目で的確に取り組む教員が増えているように感じます。教員とし
ての資質はしっかりしていますが，何が何でも自分で新しいことを生み出そうと
することへの意欲が低い傾向にあるように感じます。10年後，20年後，学校の
中心となって活躍してもらわなければならない教員を育てるのは今しかない。自
らの責任をもって考え，企画し，行動する場を作り育てていく必要があると考え
ました。

3．目指す目標（ゴール）の明確化

　「目標に向かって自分で考え，自分で実行する」ことは，簡単なようでなかな
か難しいことです。学校という組織で，教育という現場で，それぞれが勝手なこ
とをやっていては学校自体が一つのゴールに向かって進むことは到底できませ
ん。それでも，教員には自分で考えて実行してもらいたいと思います。そのため
の手掛かりが必要だと思い，大きな目標は学校のミッションであり，学校教育目
標であり，育てたい子供像ですが，そこへ向かうためのキーワードを毎年示して

います。平成28年度は「授業づくり」，29年度は「得意を強みに変えて」，30年度は「協働」，平成31年度（令和元年度）は「創造」。年の初めにこれでいこうと先生方に示します。それを常に考えながらゴールを目指すようにお願いしています。令和2年は「共創」です。そして，育てたい児童生徒像「礼儀」「感謝」「挑戦」と先述の『社会貢献』は常にベースに置いています。これらのキーワードを基に取り組んできた実践が本書の中で報告されているものです。

4．主体的な学び

　平成26年12月，広島県では新しい学習指導要領に向けて「広島県『学びの変革アクションプラン』」を示しました。本校もこれに向けて取組を進めてきました。その中で中心的な部分に「主体的な学び」がありました。これは，新しい学習指導要領でも「主体的・対話的で深い学び」として示されているところです。「主体的な学び」については，本校をはじめ知的障害の特別支援学校において「児童生徒が学習場面で主体的な活動となること」を目指してきていたこととつながります。主体的という言葉として，これまでもどのような活動の工夫をすれば子供たちの主体的な活動になるのかを考え，研究主題にも挙げてきていました。長く研究主題に盛り込まれてきましたが，では次にどうするのかが見いだせていなかったとも言えます。本校では「自己肯定感を高める授業」へとつなげることで，児童生徒の卒業後の自己実現を目指してきました。

　「主体的な学び」をどのように実現していくかと考えたとき「児童生徒の主体的学び」を実現するためには，まず教員が「主体的な学び」の実践者でなければならないのではないかと考えました。「児童生徒の主体的学びは教員の主体的学びから」です。本書に取り上げている多くの取組は，ここがキーになります。

（1）たこみ講座

　三原市はタコが名産です。本校が目指す地域貢献のターゲットは三原市です。その名産のタコは本校にとっても重要です。そこから本校のマスコットキャラクター「たこみちゃん」が誕生しました。「たこみ講座」は，地域に開かれた研修講座です。過去には夏季セミナーという名前がついていました。ですが，今実施しているのは「たこみ講座」です。名前は重要です。もちろんこの名前も教員発のネーミングです。

　内容は平成29年度のキーワード「得意を強みに変えて」の実践によるものです。詳しくは，他章に譲りますが，本校の教職員に向けたアンケートの項目の中で「センター的機能を発揮することができますか」という項目があります。そこが他の

項目に比べ特に低いという課題がありました。センター的機能は主に特別支援教育コーディネーターが地域の小学校，中学校，高等学校に巡回相談や研修協力をすることで発揮されているという傾向があり，外部との交流の少ない教員にとってはイメージがわきにくい項目ではありました。ですが，「社会貢献」を目標に入れている本校にとっては，地域とのつながりという点でも何とかしたい課題です。この年の「得意を強みに変えて」というキーワードには，二つの意味があります。一つは子供たちの可能性を引き出すこと。何か得意なことを見つけて，それを将来自分の強みとしてどこにでも出していけるように取り組むことです。もう一つは教員です。もともとは，教員一人一人の教科の強みをもっと本校教育に生かしてほしいという気持ちがあったのですが，同時に教科だけでなく，自分が得意としていること，例えば陶芸とか造形活動とか，ダンスとか，異文化に対することとか，教員一人一人が持っている得意なことを強みとして周りに出していくことも狙っています。先生としてだけでなく一人間としての強みを持ってほしい気持ちがあります。それを学校の教育に生かしてもらいたい。様々なことに挑戦してもらいたい。「たこみ講座」を始めた年は，先生一人一人の得意技を校内でミニ研修会として開いていくことを推奨していました。これは，次の世代への特別支援学校のスキルの継承という意味合いもありました。

　それ（先生一人一人が企画立案した講座）を地域の小学校，中学校，高等学校や福祉事業所，企業や保護者に向けて実施したのが「たこみ講座」です。この自分で企画立案した講座を実施するというところも，主体的な学びの場を作る，また主体的に学ぶ場とすることにつながります。

5．仕組みを作る

　「たこみ講座」もそうですが，ゴールに向けての仕組みづくりも大切だと考えます。とかくきちんとした組織を作るということを考えがちですが，何年も動きがない組織は当初の目的を忘れがちで，何のための組織だったのかさえ誰も知らないなどということを経験されたことはないでしょうか。もちろん，組織は大切です。誰もが好きに，勝手気ままに実践をしていたのでは，目標は達成できません。ですが，今までやっていたからとか，去年と同じでよいだろうとか，そんな「空気」が出てきたら，組織が形骸化してしまっているかもしれません。2〜3年に一度は何のために作った組織かを見直し，大胆にやめてしまうことがあってもよいと思います。

　仕組みは，硬直した組織に対しても有効に働くと考えます。

（1）10分間会議

　「10分間研修」，「10分間会議」もその一つであり，重要な仕組みです。「いつの間にか決まっていた」「自分の意見を言う場がない」「全員の意見が反映されていない」など，どこにでもどんな場面でも出てきそうな『声』です。しかし，50人を超える全員が一堂に会して限られた時間で全員の意見を生かした意思決定をするということは，考えてみれば無理なことです。ですが，自分の意見が反映されていると感じることができれば，がぜんやる気がわいてきます。そのための仕組みが「10分間会議」です。

　大切にしないといけない点があります。まず，時間を守ること。開始時間には全員集合し，必ず10分で終わる。次に，必ず全員が意見を言うこと。このため，人数は5人程度のグループにします。意見を出し合う内容は事前に伝えておくこと。構成員は必ず事前に自分の意見を考えて集まること。そして一番大切なことは，最終的に先へ進める意見を出すこと。どんな意見を言ってもよいですし，それは尊重されます。しかし，学校の目標（ゴール）から見て，前に進む意見でまとめることが大切です。

　自分の意見が言えるという経験も大切です。そのためには事前に考えておくことが大切です。みんなの意見を聞いて，一歩前に進む意見を出すことも大切。これらの経験が学校運営にもとても良い影響をもたらしました。

　・自分の意見に責任を持つ。人ごとにしない。
　・自分が学校を動かしているという自覚をもてる。
　・短い時間で会議を進行できるスキルが身に付く。
　・始まる時間を強く意識するようになる。

　ほかにも良かった点はあると思いますが，自分の意見が言えるということは大変重要なことだと思います。

（2）任せる

　仕組みとは少し違うかもしれませんが，「任せる」ことは大変重要だと感じています。任せられるとやる気になるのは誰もがそうですし，自分で「考える」ことにもつながります。基本的にゴール（目標）を示して，あとは「任せます」。自分で考えたことが，校長の思っていたこととは違ってしまうことも多々ありますが，目指す方向がしっかりしていれば任せます。それでうまくいきます。困れば相談に来ます。それを待ちます。「待つ」も大切です。つい先々のことを考えてあれこれと言ってしまうのは教員の癖です。学校という組織を構成する教職員集団の中でも，ついつい待っているくらいなら自分がやってしまえばよいとなっ

てしまいがちです。人材育成の観点からも「任せる」ことを実践していく中で新しい展開がありました。

　授業です。授業は教員が指導するのではなく生徒と一緒に学ぶのだと言葉で言ってもなかなかうまくいかなかったのが、教員自身の「任せられる」経験が授業にも反映されて、授業の中での話し合いに教員が口を出すことが大変少なくなってきています。指示が減り、相談があって初めて答える場面もよく見かけます。学校の仕組みが教室の仕組みになっています。「待つ」姿勢も顕著に増えました。これは子供たちの「主体的な学び」につながっています。

　自分の考えていることが実現する。「教員の主体的学び」、「生徒の主体的学び」の要は『任せる』と『待つ』です。

6．もうひとつのキーワード「チーム」

　自分一人ではできないことも周りを巻き込む、小さな集団から大きなうねりを作っていくことでやりたいことが実現することもあります。チームで動くことも大切にしています。

　平成27年度のキーワード「授業づくり」で、授業づくりプロジェクトチームを作りました。小学部、中学部、高等部から一人ずつ、初任2年目から4年目の教員をプロジェクトリーダーに指名し、学校教育目標と育てたい子供像を達成するための授業づくりを考えるプロジェクトです。ベテランもしっかりサポートしてもらうためにプロジェクトの中に入れて、多くを言わず、リーダーに任せて進めました。校長の思った方向にはなかなか進みませんでしたが、リーダーたちに『任せ』ました。この3名がリーダーとしての責任に押しつぶされそうになりながらもリーダーチームを形成し、何度も話し合いをもって何とかしようとしている姿を何度も見ています。その姿に周りが触発され、何とか一歩ずつ授業づくりプロジェクトは進んでいきました。そのリーダーたちの姿を多くの教員は見てきたのだと思います。その後、いくつものプロジェクトができています。3Mプロジェクト会議もそうですし、作業学習部会など大きなものも小さなものも自主的なものもたくさんできています。チームが機能すると、派生してたくさんのチームができます。一人ではできないことも周りを巻き込んで実践していく。そのことが、学校全体を大きな目標に向けて進めていることを実感します。

7．まとめに代えて

　新学習指導要領、Society5.0、SDGsなど新しい社会が必ずくることを示して

います。そこに向けて対応できる人間の育成が，学校そして社会に求められていることは確かです。特別支援学校においてもそのことに変わりなく，今変わらなければという切羽詰まった危機感は常にあります。その中で，学校というクローズドな世界だけでこれからの社会に通用する人間を作ることはできないと考えます。社会に目を向けて，社会とともに学校が変わっていくことが求められています。

　これまで本校では，地域との協働に様々な場面で取り組んできました。その際，地域との協働する教育は学校から地域へという方向に向けたベクトルであったと思います。しかし，今まさに地域から学校へ求められることが増え，ベクトルも一方向ではないと感じています。今後は，ベクトルを相互方向に向けていく必要があります。

　学校が変わり，社会が変わり，教職員や地域が変わり，明日の社会に生きる未来の子供たちが力強く生きていける特別支援学校をこれからも目指していきたいと思います。

❊ Coffee Break ❊

校長文庫

　校長先生は本が大好きです。校長先生所蔵の本の中から厳選された本が校長室の前に貸出簿と共に置かれ，だれでも借りることができます。職員朝会でもよく本の紹介があります。特別支援教育関係のみならず，哲学，詩集，仕事術などジャンルは幅広いです。職員室にも，書籍紹介コーナーがあり，校長先生推薦の本を手に取る教員の姿も見られます。

校長室前校長文庫

　本好きの校長先生のために高等部生徒がさをり織りで手作りした文庫本カバーを，校長先生はずっと大切に使っておられます。

COLUMN コラム

「カリキュラム・マネジメント」からの視座

東京都教育庁指導部特別支援教育指導課長　丹野　哲也

　新しい学習指導要領の総則では，「カリキュラム・マネジメント」について規定されました。このことの大きな意義は，私たち教育関係者の「共通の言葉」に位置付いたことです。

　「カリキュラム・マネジメント」の重要性が，答申等において示されたのは，平成15年10月の学習指導要領の一部改訂における中央教育審議会答申においてです。本答申は，平成10～11年公示の小学校及び中学校の学習指導要領が全面実施され1年余りが経過したことを踏まえたものです。本答申では，当時の現状として，学校行事等の意義が十分に踏まえられていない事例，総合的な学習の時間で身に付けさせたい資質や能力等が不明確なままで実施されている例などが指摘されています。当時，学習指導要領の趣旨が十分に踏まえられていない指導が見受けられたことについて，課題となっていました。このような課題の解決方策として，「教育課程の開発や経営（カリキュラム・マネジメント）に関する能力を養うことが極めて重要である」と提言されるに至りました。

　このことに続き，平成20～21年公示の学習指導要領の方向性を示した平成20年1月の中央教育審議会答申においては，「教育課程や指導方法等を不断に見直すことにより効果的な教育活動を充実させるといったカリキュラム・マネジメントを確立することが求められる」ことが提言されました。

　このように「カリキュラム・マネジメント」については，今般の新学習指導要領において，突如として着目されたのではなく，従前からその重要性は認識されていました。さらには，国内外の教育学分野における学校経営に関する研究的知見を踏まえて，新学習指導要領における「カリキュラム・マネジメント」の規定に至っています。

　さて，前置きが長くなってしまいました。もう少しお付き合いください。

　一般に「マネジメント」という用語をお聞きになると，それは校長先生や副校長・教頭先生方などの学校経営層が行うものという捉え方はないでしょうか。

　しかしながら，実際には，全ての先生方がそれぞれの役割の中で「マネジメント」をしているのです。学級担任の先生方は，日々の授業をマネジメントしています。

さらには，個別の指導計画等の作成にあたっては家庭等と連携して，子供たちの十分な学びが具体化されるようにマネジメントしています。学年主任の先生は，各学級の授業が円滑に進むように，学級間の連絡調整や年間指導計画の進行管理など，様々にマネジメントしています。一人一人が教育の最前線で指揮をとる「マネジャー」なのです。

　私は，この「マネジャー」の視座を自然な形で共有していくための概念が，「カリキュラム・マネジメント」であると捉えています。教育活動の根拠である教育課程を軸にして，子供たちの学びの最大化を図る営みを効果的に行うためには，一人一人が，職責や役割に応じた「マネジャー」であり，「専門家」であることが必要なのです。

　三原特別支援学校の教育研究に拝見される，チームの強みを生かした授業作りを展開する過程においては，先生方一人一人が「マネジャー」としての視座を共有し，チームの中での役割を果たしてきた成果であると捉えることができます。

　日々の授業の中で「子供たちの豊かな学び」に向けて生みだされる「学び合いチャレンジタイム」や「授業づくり新聞」などの様々なアイデアを実現させていくプロセスは，「カリキュラム・マネジメント」の重要な側面であるといえます。

第4部

レッツ！
センター的機能

第1章

センター的機能の取組

第1章
センター的機能の取組

① オープンスクール

　本校では，年に一度オープンスクールを実施しています。目的は，「本校の活動や取組を地域へ公開し，理解を図る」「地域の保育所，幼稚園，小・中学校，福祉施設の幼児児童生徒及び保護者，担任を対象に，本校の教育活動及び概要を紹介し，本校教育への理解を図るとともに，卒業後の進路選択の参考にしてもらう」です。

写真1-1　見学の様子

　令和元年度のオープンスクールにも地域の幼児児童生徒・保護者・学校関係者等，たくさんの参加があり，本校の紹介，各学部の授業見学等で本校について知っていただく機会となりました（写真1-1）。

　本校のオープンスクールは，高等部の生徒が日頃，作業学習等で学習していることを生かす場と捉え，生徒たちが活躍する場面をたくさん作っています。

　その準備から当日の様子についてご紹介します。

1．高等部生徒による開催の準備，受付・案内，全体会の様子

　高等部の生徒が作業学習で注文を受け，資料の綴じ作業，封筒詰め（写真1-2），各会場の設営，校内清掃を行いました。お互いに声を掛けながら会場を設営し，校内清掃では，作業学習等で学んだことを生かし，お客様のためにという目的意識をもって隅々まできれいにすることができました。

写真1−2　封筒詰めの様子

写真1−3　受付の様子

写真1−4　試技の様子

　受付では，おそろいの「たこみジャンパー」を着て，受付を行いました。名簿チェックや資料や名札を渡しました。笑顔や気持ちの良い挨拶を意識して行いました（写真1−3）。

　全体会では，学校紹介のプレゼンテーションや，広島県特別支援学校技能検定清掃の試技を披露しました（写真1−4）。学校紹介では，生徒会長と副会長が，自分たちが日々取り組んでいること，チャレンジしていることを発表しました。

2．作業学習ミニ体験で中学生をサポート

　高等部2・3年生が，来校した中学生に作業学習の内容を説明したり，作業方法を指導したりしました。

　高3の生徒が全体を見渡し，各グループを回り進捗管理をする役割を担い，高2の生徒が各グループの講師として初めて体験する中学生に一つ一つ丁寧に教えました。日々の授業の中で学んでいることを，どのように中学生に伝えたらよいかを考え，高2の生徒たちが中学生に教える際，高3の生徒たちがサポートしたりお手本を見せたりと，生徒の中にも新たに学び合う場面が生まれました。中学生と本校生徒が学び合い，本校生徒同士が学び合う良い機会となりました。

写真1−5　接客の様子

　各作業学習で行われた内容を紹介します。

＜接客サービスグループ＞接客，厨房（コーヒーの入れ方）（写真1−5）

＜木工グループ＞ベンチ製作作業（木材の研磨，切断，ボール盤を使った穴開け，各ノミ版を使ったホゾ穴開け，組立）（写真1−6）

写真1−6　木工の様子

＜農業グループ＞農機具の使い方，畝づくり，追肥，草取り

＜布工グループ＞さをり織り，ミシン

＜メンテナンスグループ＞清掃活動（窓，窓のさん）

＜クラフトグループ＞生活食器づくり（皿）

　参加者からは，「生徒たちが堂々と自信を持って作業や指導をしていました。有意義な体験になりました」と好評でした。

❷　たこみ講座

　本校では，センター的機能を果たす役割の一つとして，「たこみ講座」という特別支援教育に係る公開研修会を年に1度実施しています（図2−1）。特別支援学校の先生方だけでなく，地域の学校の先生方，福祉関係者や保護者等，幅広い方を対象に実施しています。

　これまでの公開研修会は，外部から講師を招聘し，一同に講演を聞く講義形式のスタイルでしたが，教職員がより主体的に参加し，より学びが深まる研修となるよう，目的，内容について校内で教育支援部を中心に考えまし

図2−1　案内

た。①主体的に参加でき，学び合いができる研修会であること，②本校の教職員の一人一人の強みを生かした研修会であること，この二つを大きなコンセプトとし，平成29年度から「たこみ講座」（「たこみ」は本校マスコットキャラクター「たこみちゃん」から）を実施しています。

　「たこみ講座」の魅力は次の三つです。

たこみ講座の魅力

（1）参加者は受講したい講座を選択できること

　令和元年7月30日に行われたたこみ講座は，選択できる10講座と，全体講座としました。講座内容は，本校教職員の強みを生かしたものに加え，地域の学校の先生方のニーズも考えながら開設しました。

　参加希望者には，申し込み時に第3希望まで記入してもらい，希望した講座に参加できるように調整しました。

（2）参加・体験型であり，主体的に参加できること

　一つの講座の時間は１時間。１時間全てを「聞く」だけの活動にならないよう，体験したり，ペアやグループで話をしたりする時間を設けました。全ての講座の最後には「振り返り」の時間を設け，まずはペアになって，学んだことや，明日からできることを一つ宣言するなど，お互いに言語化することを通して，１日の学びを共有しました。そして，さらに全体で共有し，学びを深めました。この振り返りの時間で言語化することを通して，自分一人では気付かなかった学びに気付く等，学びが深まる時間となりました。

（3）本校教職員，地域の教職員が講師として，自らの強みを発揮した講座を開講すること

　「ICTが得意」「教材づくりが得意」「発達障害について自主的に勉強している」など，各自の得意分野や興味があることについて教職員に講義を行ってもらうこととしました。講師を務めた教職員からは「文献を調べながら資料づくりをしたので，とても勉強になった」などの感想が得られました。自分の実践や研究してきたことをまとめ，伝えることを通して，プレゼン力が高まるだけでなく，これまでの実践に価値があることに気付いたり，新たな価値に気付いたりと学びを深めることができました。

　たこみ講座で実施された，教職員の強みを発揮した講座を紹介します。

『ICT機器を使った授業実践〜アプリ「ロイロノート」の活用を例に〜』
【講座概要】アプリ「ロイロノート」の活用を例に，ICT機器を使った授業実践の紹介です。

『緊急時対応の実践〜チームで取り組む緊急時対応〜』
【講座概要】児童生徒が目の前で倒れた時に，誰もが自分の役割を分かり，動けるよう，それぞれの役割を再確認します。学校での緊急時の対応シミュレーションです。

『高等部作業学習クラフトグループ実践体験～
陶芸による食器作り～』

【講座概要】日常で使える生活食器（今回は小
皿）を，石膏型と支援グッズを使用するだけで
誰もが簡単に制作することができます。そのノ
ウハウを公開して学校関係や事業所関係の制
作活動のヒントにしてもらいます。

『発達障害のある児童生徒への指導・支援』

【講座概要】私たちが発達障害のある児童生徒
の実態把握をどのように行い，それに対してど
のように指導・支援を行っているか，現在の悩
みなどもふまえて紹介します。

『技能検定 Part Ⅱ』

【講座概要】広島県特別支援学校技能検定「喫
茶サービス」の紹介と体験，そして，本校が行っ
ている地域での『カフェ』の取組を報告します。

『ワールド・カフェ　一緒に考えよう！　子供
たちの主体的な学びとは，教員の主体的な学
びとは～地域との関わりの中から～』

※「ワールド・カフェ」とは，「カフェ」のようなリ
ラックスした雰囲気の中で，少人数に分かれたテー
ブルで自由な対話を行い，他のテーブルとメン
バーをシャッルして対話を続けることにより，参加
したみなさんの意見や知識を集めることができる
対話手法の一つです（「ワールド・カフェの手引き」
SPOD フォーラム 2012　一部抜粋）。

公開講演会
『感じてみませんか，発達障害の世界～学校・
家庭・地域に期待すること～』

講師：笹森　理絵様

　当事者の立場，保護者の立場から，発達障
害について語っていただきました。

　その他にも『「通級指導教室の実践～「自己理解」からの「SST（ソーシャルスキル・トレーニング）」「読む・書く」への工夫～』，『働き方改革～学校をカエル・働き方をカエル～』，『自立活動の実践～よりよい他者との関わり方～』，『通級指導教室における自立活動の実践』，『ケース会議の実践～チームで考えよう！児童生徒の理解と支援～』など，多様な講座が実施されました。

❸　ケース会議

　「こんなとき，生徒にどう接したらいいの？」「○○な児童に対して，どう指導したらいいの？」。そのような教員の悩みを効果的に解決するための，本校における支援体制の一つが「ケース会議」です（写真３－１）。「ケース会議」と耳にすると，とても堅苦しいイメージを持ってしまいがちです。しかし，本校が実施しているケース会議で

写真３－１　ケース会議の様子

は「やってよかった会議にする」ということを大切にし，会議終了後には，相談者（教員）を含め会議に参加した人全員が「元気になること」を目標としています。そのような本校におけるケース会議の実践について，ご紹介します。

１．運営の工夫

（１）全員が意見を言えるように～事前の準備は念入りに！～

　相談者（教員）には，まず「事前メモ」（図３－１）に主訴を書いてもらいます。ケースとして挙がる児童生徒に関係のあるメンバーに，窓口である特別支援教育コーディネーターが声を掛け，参加を促します。授業等で関わりのある教員の他，主訴に応じて元担任（他学部教員を含む）や養護教諭，進路指導に関わる教員等にも参加してもらうこともあります。意見をたくさん出す人，どちら

かと言えば聞き役に徹する人，建設的な意見を出すことが苦手な人等，様々なタイプの教員がいる中で，全員が「やってよかった会議にする」ために，まずは座席を指定し，ペアトークやグループトークをする際に全員が意見を言いやすくなるような環境を作っています。そして会議の始めには必ずルール（図３－２）を提示し，共感的な意見がたくさん出されるようにしています。

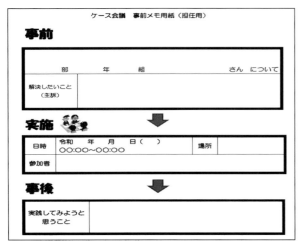

図３－１　ケース会議　事前メモ用紙

図３－２　ルールの確認

（2）話が逸れてしまわないように～話した内容を視覚化！～

　ケース会議を実施する際はホワイトボードまたは模造紙を使用し，話した内容を視覚化しています。ただ視覚化するのではなく，話の内容を整理しながら効果的に児童生徒への手立てを見つけることができるよう，次のような様式を使用し

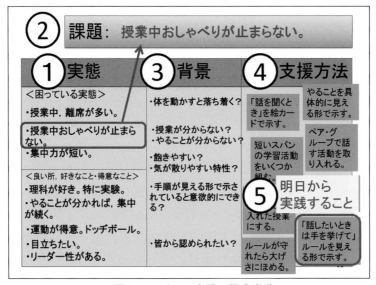

図３－３　ケース会議　様式（例）

ています。何度かいろいろな様式でケース会議を実践してみましたが，本校では次の様式（図3-3）が最も効率よく効果的であると感じています。また，会議は原則30分間とし，会議を始める前には終了の時刻を伝えています。

　このようなやり方を取り入れることで，「何について話しているのだっけ？」「この会議いつ終わるのだろう？」というようなことがないようにしています。

（3）児童生徒理解を深めるために〜課題だけではなく強みも共有！〜

　ケース会議では，まず相談依頼が出された教員から，児童生徒の様子を話していただきます。その際，困っている様子（課題）だけではなく，強みや好きなこと，得意なことをたくさん出していただきます。児童生徒の強みや好きなこと，得意なことは，効果的な指導・支援のヒントとなることが多いからです。参加者の方からも児童生徒の様子を話していただいたり，相談者に適宜質問していただいたりしながら，児童生徒の様子を参加者全員で共有します。

　そして，児童生徒の困っている様子（課題）に対する手立てを具体的にするために，主訴を一つに絞ります。その際は，相談者に自ら決めていただくようにしています。

（4）児童生徒理解を深めるために〜どうしてなのか（背景・要因）を分析！〜

　主訴に関係する，児童生徒の困っている様子（課題）だけではなく，その他の困っている様子や強みに関係する様子について，どうしてなのか（背景・要因）を考えます。ポイントは，児童生徒の立場に立って考えることです。「〇〇してしまうのは，もしかしたら△△だからなのでは？」「本当は〇〇したいのに，△△な特性があるから□□してしまうのでは？」など，背景・要因がたくさん出されるほど，より効果的な手立てにつながるように感じます。なお，背景・要因を考える際は，1人ではなくペアもしくは3人で考えていただくようにしています。

（5）明日から実践できる手立てが見つかるように〜ミニホワイトボードまたは 付箋の活用〜

　児童生徒の様子・その行動の背景・要因を共有したら，最後に主訴（課題）に対する効果的な手立てを検討します。その際大切にしていることは，①「〇〇な背景・要因があるから，□□な手立てが有効なのではないか」という視点，②「児童生徒に〇〇な強み（好きなこと，得意なこと）があるから，これを活用して□□なアプローチができるのではないか」という視点で検討することです。そして，③手立ては「できるか，できないか」という現実的な視点で考えるのではなく，実現不可能なものも含めて，たくさん出していただくことを大切にしています。そのために，付箋またはミニホワイトボードを活用します。一人一人が思いつく

手立てを付箋に書き出す，あるいは2～3人のグループ内でミニホワイトボードに書き出していくことで，キラリと光る指導・支援のアイデアがたくさん出されます（写真3-2）。

写真3-2
ミニホワイトボードを活用したケース会議

　出された手立てを皆で共有した後は，相談者に「明日から実践すること」を1つ以上決めていただきます（赤色で印を付けます）。相談者が効果的だと思うもの，負担なくできそうなことを自ら選択し宣言することで，ケース会議の参加者全員で共通認識を図ることができます。

　また，必要に応じて指導・支援の役割分担も行います。「私は○○な対応を心がけます」「私は○○さんの好きな□□の話題で関わってみます」など，児童生徒に関わりのある教員全員で一貫した指導・支援ができるようにします。なお，「明日から実践すること」を何日間行うのか設定し，期間終了後再度同じメンバーで評価をすると，より効果的です。

2．参加者の感想

　ケース会議を終えると，参加者からは「気付かなかった児童生徒の一面を知ることができて，良かったです！」「協議内容を視覚化することで整理され，とても分かりやすかったです！」などの感想が挙がります。相談者からは「30分という短時間なのに，明日から取り組むことが具体的になったので，やって良かっ

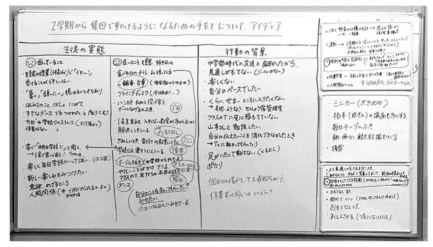

写真3-3　ケース会議　実践例

たです！　元気が出ました！」「みなさんにたくさんの指導のアイデアを出していただき，嬉しかったです！　ありがとうございました！」などの感想が多く挙がります。明日から取り組むことが明確になるので，特に相談者については，悩みが解決されスッキリした様子が見られます。

3．教育支援部員が運営できるように

　ケース会議体制が校内で構築されてから１年間は，会議の運営を特別支援教育コーディネーターが全て行ってきました。しかし，２年目からは，小学部，中学部，高等部の教育支援部員が運営しています。特別支援教育コーディネーターが不在でも，必要に応じてケース会議が実施できるよう，教育支援部内でケース会議運営に係るミニ研修を実施してきました。ミニ研修を重ねていく中で，「この部分ではもう少し時間を多く取った方がよい」「付箋よりミニホワイトボードを使った方が効果的！」などの気付きから，よりよいケース会議へと進化し続けています。

4．地域の小・中学校等でも実践

　センター的機能の一環として実施している，地域の小・中学校等への研修協力の際には，特別支援教育コーディネーターが本校のケース会議の取組を積極的に紹介し，実際に体験していただいています（写真３－４）。特別支援学級担当の教員だけではなく，通常の学級担当の教員にも参加していただくことで，特別支援教育の考え方や児

写真３－４　小・中学校等への研修協力

童生徒理解を深めることができます。特に教科担任制である中学校・高等学校では，自分の担当する授業以外の生徒の様子を共有することができるので，「今まで気付かなかった生徒の良い一面を知ることができて良かった」との感想を多くいただきます。

　また，「生徒に関わる教員で共通認識を持ち，指導の一貫性を保つためにも，ケース会議はとても有効ですね」との感想もいただきます。ある中学校では，特別支援教育コーディネーターが本校のケース会議のやり方を参考にし，積極的にケース会議を企画・運営しています。「特別支援教育に係る悩みが自校で解決できつつあるとともに，個別の指導計画作成にも役立てることができるようになりまし

た」との報告も受けています。このように，ケース会議が地域の小・中学校等の特別支援教育の知識や専門性を向上させる一助となることを期待しています。

❹ 自立活動研修会

　自立活動は，学習指導要領（文部科学省，平成30年）にも示されているように，障害のある児童生徒の教育において教育課程上重要な位置を占めています。各教科等の指導においても，自立活動の指導と密接な関連を図って行われなければならないからです。具体的な指導内容は，6区分27項目の中から必要とする項目を選定した上で，それらを相互に関連付けて設定することが大切です。障害のある児童生徒に対する適切な指導・支援の目標や手立てを設定する際の根拠となるものは，実態把握です（広島県教育委員会，平成20年　特別支援教育ハンドブック）。指導において，児童生徒に関わる教員全員が児童生徒の実態を的確に把握し，児童生徒理解を深めることが大切なことは言うまでもありません。

　しかし本校では，「児童生徒の実態を的確に把握するために具体的に何をしたらよいのか」と悩む教員が多くいました。客観的な心理発達検査を実施することで的確な実態把握はできますが，毎日児童生徒に関わっているからこそ見えてくるものもあります。そこで，自立活動の視点から児童生徒の実態を把握することを通して，児童生徒理解を深め，指導に生かすことを目的に，校内で自立活動研修会を実施しました。

1. 自立活動研修会の内容

（1）対象児童生徒の実態について，課題や強みを付箋に書き出す

　各学部，学年に分かれ，5〜8人程度のグループを作ります。あらかじめ各グループで対象児童生徒を設定し，対象児童生徒の実態について，1枚の付箋に一つ書き出していきます。その際，課題（困っていること）だけではなく，強みや好きなこと，得意なことについても書き出していくことがポイントです。つい児童生徒の課題ばかり意識しがちになりますが，強み等にも目を向けることで，児童生徒の見方が広がり，理解を深めることができるからです。なお，対象児童生

徒とあまり関わりのない教員は，対象児童生徒の個別の教育支援計画の内容を参考に書き出してもよいことにしています。

（2）出された付箋を，自立活動の6区分27項目に分類する（模造紙に貼る）

　特別支援学校教育要領・学習指導要領解説　自立活動編（文部科学省，平成30年）を参考にし，出された付箋を自立活動の6区分27項目に分類し，模造紙（実態把握ワークシート）に貼ります（写真4-1）。その際は，グループのメンバー全員で協議をしながら行うことが大切です。

写真4-1　付箋を分類

例えば，研修の中で出された「注目されている中で発言することが苦手」という付箋は，「6　コミュニケーション（2）言語の受容と表出に関すること」の課題に分類しました。また，「友だちと話すことが好き」という付箋は，「3　人間関係の形成（1）他者とのかかわりの基礎に関すること」の好き・得意に分類しました。

　なお模造紙は，『自立活動の理念と実践―実態把握から指導目標・内容の設定に至るプロセス』（古川・一木，2016）を参考に作成しました。

（3）これまでの学びの履歴を踏まえ，長期目標（学部卒業後の姿）を設定する

　これまでの学びの履歴とは，例えば対象が高等部生徒の場合，高等部に入学する前の在籍（中学校または中学部）や，何をどのように学んできたのか（教育課程や学級形態等）に係る内容です。それらを踏まえ，また本人・保護者の願いを参考にしながら長期目標（学部卒業後の姿）を設定します。

（4）（3）を踏まえて自立活動の指導区分・重点項目を選定する

　長期目標を達成させるために身に付けるべき力はどんな力か，そしてそのために必要な指導は何か，協議をしながら指導区分・重点項目を選定します。

　時間に余裕があれば，短期目標（各学期の目標）を具体化した上で，自立活動の指導の手立てについて検討します。自立活動の具体的な手立てに，児童生徒の強みや好きなことなどを活用するという視点を共有できるとよりよいものになるでしょう。

2．参加者の感想

　研修を終えて，各グループで感想を共有する時間をとりました。「児童生徒の新たな一面を知ることができて良かったです」「一人の児童のことをこんなにじっくり考えたことがなかった。あっという間の１時間でした！」「次は○○君について理解を深めたい」「児童の実態が見える形に整理され，指導の方向性をみなさんと共有することがで

写真４－２　自立活動研修会の様子

きたので，有意義な時間でした」など，多くの肯定的な感想が挙げられました。

　日頃関わっている児童生徒の実態について，複数の教員であれこれ気付きや意見を出し合っている姿は，とても生き生きとしていました（写真４－２）。また印象的であったのが，どのグループも児童生徒の課題（困っていること）の付箋よりも，強みや好きなこと，得意なことの付箋の方が多く出されていた，ということです。本校教員は，児童生徒の良い面をたくさん見つけることができる集団なのだなと思い，うれしくなりました。

3．今後に向けて

　対象児童生徒の実態について書き出した付箋を，自立活動の６区分27項目に分類する際，「どっちの区分になるのかな」「６コミュニケーションにも関わるし，２心理的な安定にも関わる内容ですね」など，分類に迷う姿が多くありました。児童生徒の課題は何に起因しているのか，つまり課題と課題の因果関係を検討することで，より的確な実態把握につながり，具体的な指導を行うことができると感じました（写真４－３）。

　自立活動は，特別支援学校における指導の要となります。児童生徒をよりよく成長に導くためにも，実態把握が的確にできるよう，また自立活動において効果的な指導・支援を行うことができるよう，研修を重ねていきたいと考えています。

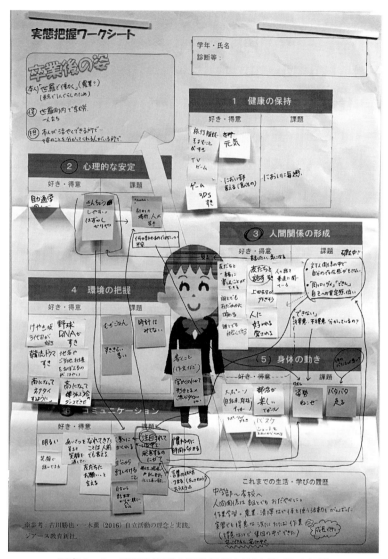

写真4-3　課題と課題の因果関係を検討（矢印で表記）

【参考文献】
古川勝也・一木薫（2016）自立活動の理念と実践—実態把握から指導目標・内容の設定に至るプロセス，ジアース教育新社.
広島県教育委員会（平成20年3月）特別支援教育ハンドブックNo.2.
文部科学省（平成30年3月）特別支援学校教育要領・学習指導要領解説　自立活動編（幼稚部・小学部・中学部），
　開隆堂出版.

❺ ベストヒット　教材・教具

　本校では，令和元年度の研究テーマ「三原特支『付けたい力』を目指した授業づくり〜チームの強みを生かした授業研究〜」に迫る具体的実践として「教材・教具フェア」を開催しています。教材や補助具等教具の開発など取り組まれているものを一堂に展示・紹介することにより，工夫やアイデアを広く共有し，日々の授業づくりに役立てていくとともに，地域へ情報発信することを目指しています。

　たこみ講座（公開研修会），公開授業研究会で展示されたものをいくつかご紹介します。

看板

小学部	

教材・教具名	どすこい！　新聞力士
教科等	遊びの指導
製作材料	ビニール袋 (90 L) 2 枚，砂袋 (重し用)，画用紙 (顔，手用)，透明幅広テープ，カラーガムテープ (貼り付け，まわし用)
概要・使用方法	児童制作 <使用方法> ・土俵に立たせ，ぶつかり稽古！ ・まわしを持って投げとばす！ ・倒して乗っても，気持ち良い！ ☆作る時から，新聞紙遊びを楽しむことができます。 <作り方> 1　ビニール袋を貼り合わせて大きな袋を作ります。 2　そこに砂袋を入れ，その中にひたすら新聞紙を入れます。 3　いっぱいになったら，顔や手，まわしを飾り付けて完成！ 教材

教材・教具名	両手を使おう
教科等	自立活動
製作材料	おはじき，丸型のペットボトル，テープ，新聞紙など
概要・使用方法	

両手を使わないと立たない上に，転がるようにしています。

☆もう一方の手を添えないと入れられないため，自然と両手を使う動作が身に付いていくことをねらっています。

教材

教材・教具フェアでの取組①

　来場した方に教材・教具を見て「いいね！」と思ったものに投票してもらいました。「イイね！」ボタンを押すと回数が加算されていきます。

教材・教具フェア　アンケート

タイトル	写真	イイね！ボタン	回数
井上家のすいか		👍いいね！	1
ならべるゾウ		👍いいね！	1
コミュニケーションカード		👍いいね！	3

アンケート

写真5－3　教材・教具フェアアンケート

213

中学部

教材・教具名	井上家のすいか
教科等	生活単元学習
製作材料	フェルト，マジックテープ，半円プランター枠
概要・使用方法	（教材の画像）

マジックテープでとめているので軽く触れるだけで，きれいに真っ二つに割れるようにしています。

☆夏の風物詩「すいか割り」を楽しく安全に，何回でも割ることができるように作りました。

教材

教材・教具名	ならべるゾウ
教科等	日常生活の指導
製作材料	段ボール，マジック（黒，赤），定規，空の牛乳パック（2〜3個）
概要・使用方法	食堂で配膳をする際，牛乳を数え配るための支援具です。最大40個並べることができます。

教材　　　　**活動場面**

☆数と量が体感できます。並べたらトレーに持っていきます。自分で数えて，配膳されたトレーに置いていく作業が，自分で確かめて着々とできるため，達成感ありです。

教材・教具フェアでの取組②

　教材・教具を見て，参考になったことや，感想，教材のアイデアを付箋に書いて貼ってもらいました。付箋は教材・教具製作者にフィードバックしました。

付箋の活用

教材・教具フェアの様子

高等部

教材・教具名	ベンチ製作治具
教科等	作業学習（木工）
製作材料	端材・タイマー
概要・使用方法	 ブルブル **教具** <使用方法> 1　材木を①②③④の順番に移動させ，研磨します。 2　タイマーが鳴ると，材木とタイマーを移動させます。 ☆タイマーを動かすことで作業の経過が分かります。 ☆電動サンダーがプラスチック部分に触れると音がします。音がすることで木材の端から端まで研磨することができます。

教材・教具名	コミュニケーションカード
教科等	自立活動，日常生活の指導
製作材料	ネームの首掛け部分，ラミネートシート等
概要・使用方法	 **教材** いつでもどこでも持ち歩くことができるようにしました。発語のなかった生徒の表出を促すことができました。 ☆「できました」「うんちにいきたい」「おちゃをのみたい」「おしっこにいきたい」「おはようございます」「さようなら」「てつだってください」「ありがとうございます」の8種類のカードを首から下げ，それを指差しすることで，コミュニケーションを図ります。

教材・教具名	ふれてさわってはめてみ10（てん）
教科等	自立活動
製作材料	ダンボール，フェルト，クリアファイル，サンドペーパー，すべり止めシート，木工用ボンドなど
概要・使用方法	10個の丸いパーツは，それぞれ色と肌触りが違います。「ツルツル」「ザラザラ」「でこぼこ」など，違う感触を確かめながら，パーツと同じ色に入れていきます。 **教材** ☆三角形で，どの方向から見ても同じ形にしました。3人でゲーム感覚で楽しむこともできます。また，目隠しをして肌触りだけを頼りに行うなど，様々な方法で使用できます。

レッツ！　センター的機能

広島大学名誉教授，大和大学教育学部　教授　落合　俊郎

　特別支援学校でのセンター的機能については，法律的に位置付けられており，全国どの特別支援学校でも実践しているはずです。他の特別支援学校ではあまり見られない工夫について述べたいと思います。

たこみ講座？

　これは三原特別支援学校がとった「ゆるキャラ」戦略の一つで，○○障害教育研修講座というのではなく「たこみ講座」という名前を付け，入りやすさを出すという戦略です。そして，本校のすべての研修会・イベントに共通しているのですが，ワークショップ形式で運営されます。黙って講師の話を聴くというのではなく，それぞれの参加者の意見を付箋に書いて質問や回答，あるいは熟考というかたちをとります。大勢の中で質問しにくい場合，自分の意見を発表するハードルが非常に低くなるわけです。このようなワークショップ的な協議方法が本校の「日常」になっています。

三原特別支援学校のオープンスクールの特徴

　オープンスクールのようなイベントはどこの学校でも行われていますが，大事な工夫があります。オープンスクールでは，受付・案内は在校生も行います。各教室で授業がなされ，ドアや教室内に模造紙と付箋がおいてあります。そこに参加者が意見を書いて貼っていくという方法です。これを全体会の中で本校教職員の発表と参加者の意見を交えて発表するわけです。多くの教室で授業公開をしていますから，決まった時間に全部参加するわけにはいきません。全体会の中で参加できなかった他の教室での発表内容と何が話し合われたかがわかります。もう一つの工夫は，それぞれの教室での発表・意見を集めて模造紙大にプリントし，一つの教室にまとめて貼り付けます。参加者は，休憩時間やオープンスクール終了後も，学会のポスター発表を見るように，各教室の発表内容を全て知ることができます。このような方法はユネスコやOECDの国際ワークショップでも行われています。ちなみにユネスコでの名称は，Journal of Learning Journey（学びの旅行記）でした。

センター的機能の新たな展開の必要性

　新型コロナウィルス感染問題で，休校になり遠隔学習を行うことになった今，センター的機能も大きく変わらざるを得ないでしょう。センターがカバーする領域は，特別支援学校がカバーする校区とほぼ同じか広いのが一般的です。義務教育学校の校区よりも非常に広いです。最近のように大きな自然災害が頻繁に起き，今回のように病気の伝染が起きると，カバーする地域が広いほど受けるリスクも高くなります。自然災害が起きた時，小中学校での授業が再開されても校区が広いので特別支援学校はすぐに動けないという状態が起きました。このような状況に対して，センター的機能はどうあるべきか新たな課題が出てきたと思います。

　学校が休校になっても子どもたちは活動し，教員は，その対応に専念しなければなりません。情報提供については，学校のホームページや Google クラスルームの中に多種多様な教材を入れ，それを学校関係者や保護者がアクセスすることによって行われてきました。今回の経験を生かし，対面や訪問で行ってきた相談業務をどのようにして行うかを考える必要があるでしょう。会いに行こうとしても災害で道が閉鎖されたり，ウィルスの感染を避ける必要性など様々な課題があります。このような時，テレビ会議システムを使い，双方向の情報交換，複数の関係者による会議，予約の管理など，新たな方法を試みる必要があり，メリットとデメリットを検証しながら良い仕組みを作る必要があるでしょう。

　広島県全体で行ったように，G Suite によってプライバシーやセキュリティーを守りながら，Google クラスルームで資料や情報の提供，Google ミートやZoomで本人・保護者・教員・専門家が一堂に会してのテレビ会議を行う事ができ，関係者間の予約の調整等を相互にできる Google カレンダーを利用すれば，教育相談が対面で不可能な場合の緊急方法として準備する必要があるかもしれません。この様な工夫は，コロナ問題だけでなく，自然災害時でも必要なことであり，今回気付かされたことでもあります。

❋ Coffee Break ❋

三原特支ポイントブック

　本校では，平成30年度から教員が普段暗黙の了解で行っていることを「三原特支ポイントブック」としてまとめ，冊子にしています。「三原特支ポイントブック」を見ることで，新転任者が本校のことをいち早く理解することができ，本校に長く在籍する教員も改めて基本ルールを確認することができます。年度当初に全員に配付し，オリエンテーションで説明されます。

三原特支ポイントブック表紙

　内容は，①1日の業務の中でのこと，②服務に関すること，③テーマ別に分かれており，「三原特支の職員としての心構え」「勤務時間・休憩時間・職員朝会」「出勤・退勤」「指導形態について」「主任の役割について」など35項目にわたって，本校が大切にしてきたことや日常業務を進める上での留意事項を挙げています。それぞれの項目で，チェックポイントと留意事項に関する自己チェックリストを掲載しています。また，最後にたこみちゃんからの一言を載せています。

　余裕を持って出勤し，児童生徒を気持ちよく迎える準備をしましょう。出勤，退校時はお互いに声を掛け合い，明るく気持ちの良い職場にしましょう。（「三原特支ポイントブック　Ⅰ 1日の業務の中でのこと　3 出勤・退勤」より）

会議の進め方

目次

第5部

食育の取組

第1章

食の楽しさを知り，健康になる力を育む

第1章
食の楽しさを知り，健康になる力を育む

　新学習指導要領では学校における食育の推進について，各教科などでの指導を通して「生涯を通じて健康・安全で活力ある生活を送るための基礎が培われるよう配慮すること」としています。毎日のバランスのとれた給食の経験や，次に紹介する様々な食育活動での知識・活動を積み重ねていくことで，子供たちの自ら健康になる力を育みたいと考えています。

1．本気（マジ）朝ごはん計画〜子どもの元気を，本気（マジ）で応援するために〜

　「朝ごはんの大切さを知る」「朝ごはんをしっかり食べる」「しっかり寝る」の三つを本気で取り組むことで，行事で精一杯力を発揮したいという児童生徒の願いと，それを応援したいという想いを込めて始まったのがこの取組です。平成30年度には，優れた「早寝早起き朝ごはん」運動の推進として，文部科学大臣表彰を受けました。

（1）活動内容

　連続3日間の朝食摂取状況調査を行いました。年3回，夏の運動会や冬のマラソン大会等のより朝ごはんの必要性を感じさせやすい時期を狙って行い，同時に生活時間（就寝時刻・起床時刻・朝食後登校までの時間）・排便の有無についても調査を行いました。学級では，担任が朝の会・SHR・特別活動等で指導を行い，全体では，

写真1−1　栄養教諭による指導

栄養教諭が給食の時間等で朝ごはんの大切さや望ましい朝ごはんについての指導

を行いました（写真１−１）。家庭へは，食育だよりで手軽に緑の食品を取る方法等の紹介をし，望ましい朝ごはんを取ることを呼びかけました。

　記入シートについては，体調管理と朝ごはんの関連性や生活時間の見直しについて，分かりやすいよう工夫しました（図１−１）。小学部は毎日シールを貼らせるなどの工夫により，楽しみつつ取り組めるよう配慮しました。

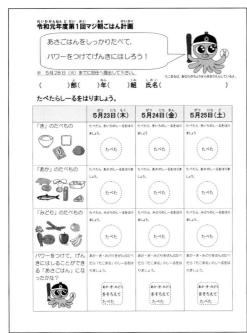

図１−１　児童用の記入シート（左上），生徒用の記入シート（右上），裏面は生活リズム記入シート（下）

（2）調査結果

　令和元年度は「朝ごはんを食べた」と回答した児童生徒は98.4％と，取組が開始した平成23年の97.6％と比較し，継続的に高い数値を維持できています。また，令和元年度は「緑の食品を食べた」と回答した児童生徒は73.9％と，平成23年の66.5％よりも7.4ポイント増加し，年々少しずつ数値が増えています（図1－2）。

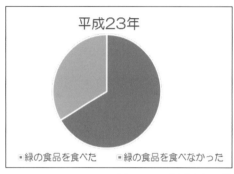
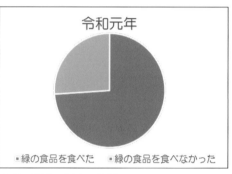

図1－2　朝ごはんの緑の食品に関する調査の比較

（3）集計結果の活用

　各回の結果は，食育だよりや校内掲示，学校祭の展示で知らせました（写真1－2，1－3）。食育だよりでは，結果発表と共に朝ごはんのバランスについてや，緑の食品を手軽に取り入れる方法について紹介しました（写真1－4）。また特別活動で朝ごはんの大切さについての授業を行うときは，各クラスや学年別の集計結果を教材として使用しています（図1－3）。児童生徒の朝食摂食の有無や，朝ごはんの内容について事前に把握ができることで，付けさせたい力が予測しやすく，より実態に合わせた指導を行うことができました。

写真1－2　学校祭での展示　　　　　　　　　写真1－3　校内での掲示

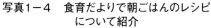

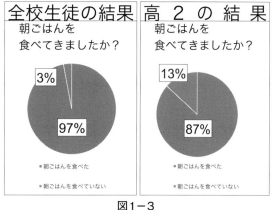

図1-3
授業で使用したスライドの一部

写真1-4　食育だよりで朝ごはんのレシピ
　　　　　について紹介

2．チーム・ザ・ヘルス～肥満の予防・改善に向けて，チームで取り組むために～

　本校の児童生徒の食に関する課題として，「よく噛まずに食べている」「運動の習慣化ができておらず，肥満傾向である」という課題があります。それらの改善に向けて，食生活や生活習慣等を見直し，児童生徒の肥満予防・改善を図るため，本人・保護者・教員・養護教諭・栄養教諭等がチームとなって取り組んでいます。身体測定結果が肥満度軽度～高度の児童生徒を対象に，以下の取組を行いました。

（1）たべもの日記（食事摂取状況調査）の実施

　家庭で食べたり飲んだりしたものを用紙に記入し，それを3日間続けてもらいました（図2-1，2-2）。その際は休日も必ず含むように記入してもらい，学校がない日の状況も把握できるようにしました。合わせて間食や運動についてのアンケート項目も設置し，悩みや困りごとなどがあれば記入してもらえるようにしました。

　それを受けて，食事内容や運動のことなどについて，栄養教諭がアドバイスを行いました。とても細やかにアンケートを記入してくださる保護者もいて，そこから一人一人の課題を見つけたり，保護者の悩みを知ったりすることができました。回答内容は担任等と共有して，実態把握に努めました。

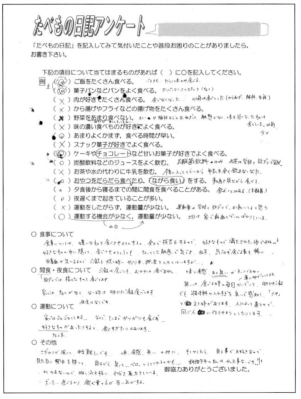

図２−１　たべもの日記　記入シート

令和元年7月5日

小学部□年□組□保護者 様

三原特別支援学校長
（栄養教諭 岡本）

肥満の改善・予防の取組「チーム・ザ・ヘルス」における

「たべもの日記（食事記録）」について

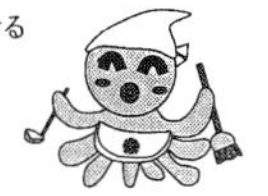

いつも本校の食育の取組に御協力いただき感謝申し上げます。
さて，先日は「たべもの日記（食事記録）」を提出していただきありがとうございました。
一人一人のお子様について，家庭での食事や間食・夜食の状況を具体的に知ることができ，今後のよりきめ細かい取組に活かしたいと考えています。また，保護者の方の気づきやお困りのことを聞かせていただき，あらためて学校と保護者とが連携し，また保護者間で情報交換しながら，児童生徒の肥満の原因と思われる生活習慣（食生活や運動など）の改善を進めたいと強く思っているところです。
つきましては，御提出いただいた「たべもの日記（食事記録）」について栄養教諭の立場から気付いた点をお伝えします。肥満の改善・予防を含めた今後の健康づくりの参考にしていただきますようお願いします。

また個人懇談の日に，さらに詳しい内容や改善の方法などをお話する，相談会を実施しております。実施についてのお知らせを配付するので，御希望の方は担任を通してお気軽にお申込下さい。

□さんの　たべもの日記 3daysチャレンジ

毎回丁寧に書いていただき，ありがとうございます。平日も休日も，大きく食事時間が変わることなく食べられていて良いなと思いました。ぜひ，よりバランスのとれた食事にするために「日本型食生活」を意識してみてください。さらに汁物を一品プラスするだけでグッとバランスが良くなりますよ。給食の時間も上手に汁物を飲めるようになってきているので，ご家庭でも取り入れてみてはいかがでしょうか？また休日の朝はパンのみが多いようですが，平日のいちごヨーグルトを休日にもプラスして，赤の食品をとってみてください。赤・黄・緑は多め，と意識しつつ，献立を考えていただけたら嬉しいです♪

図2－2　栄養教諭のコメント返信シート

（2）長期休業中の取組

長期休業中は肥満度が増加する児童生徒の割合が多い傾向にあります。そのため，本人が健康目標を立てて実施する「ヘルスチェックカード」に取り組んでいます。本人が目標を決め，実行できた日にシールを貼ります。具体例として，2Lジュースを飲んでいた生徒は，『ジュースを500mlまでにする』という目標を決め，ほとんど毎日実行することができました。その結果，夏休みに体重が1.8kg減少しました。

また，長期休業中の懇談日に合わせて展示や健康相談も行っています。令和元年度は「運動と食事のバランス」「おやつやジュースのエネルギー」「歯の健康」についての展示を行いました（写真２－１）。食育教材のたこみちゃんてんびんに，「りんご」と「早歩き」のおもりを乗せて，「りんご１個を消費するには何分歩いたらいいだろう？」と調べている様子が見られました。

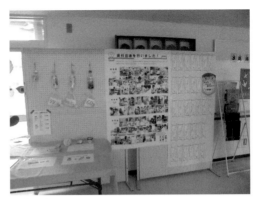

写真2-1　長期休業中に行った展示

（3）毎日継続「パワーアップタイム」

　毎日9：35～9：55にラジオ体操や体力向上のための運動を行う「パワーアップタイム」（体育・保健体育・自立活動）という時間を設定し，学校全体で意識的に運動量を増やす取組をしています（写真2-2）。

　ストレッチポールを使ったストレッチや，音楽に合わせて行うエアロビクスなど，各学年やクラスによって異なります。小学部で行った階段歩きでは，10分以内に7往復だったものが14往復できるようになったり，保護者から「座り込むことが少なくなり歩く距離が伸びた」という声が上がったりという成果が上げられました。

　高等部は部活動として週に1回ティーボールの試合を行っています。5月には陸上競技大会・フライングディスク大会・三原市ソフトボール大会のどれかに希望者を募って出場し，全国大会出場に向けて取り組みました（写真2-3）。大会が近づくと放課後練習を行い運動する機会が増えました。運動に対して苦手意識がある生徒も，友だちと一緒に目標に向かって挑戦する気持ちを持つことで，意欲的に運動ができていました。

写真2-2　パワーアップタイムでの階段歩き　　　写真2-3　フライングディスク大会に出場

3．食育サポーター～家庭や地域と連携した食育の取組～

　保護者をはじめ，学校医・給食調理者・食材納入者等が関わる活動を通して，家庭や地域と連携した食育を推進しようと，この取組が始まりました。それぞれの食育サポーターが役割をもって活動しています（表3－1）。

表3－1　食育サポーターの種類と役割

種　　類	役　　割	募集対象
食育サポーターハウス系	家庭等での望ましい食生活の実践を支援する。	保護者
食育サポーターヘルス系	児童生徒の健康について意見具申する。	学校医，学校歯科医
食育サポータークック系	児童生徒の給食や調理への関心を高める活動を支援する。	給食調理員
食育サポーターフード系	児童生徒の給食食材について関心を高める活動を支援する。	食材納入業者 地域の生産者等

（1）ひろしま給食試食会の開催

　広島県では「ひろしま給食100万食プロジェクト」を行っています（詳しくは，「4ひろしま給食100万食プロジェクト」参照）。それに関連してより広くひろしま給食の趣旨を伝えようと，食育サポーターハウス系の方々に協力してもらい，試食会を行いました（写真3－1）。参観日に試食やレシピの配付を行うと同時に，家庭科室を使いデモンストレーションを行いました。実際に食べてもらったり，作り方を見てもらったりすることで「具材が多く感じたが，簡単に作れることが分かった」「噛みごたえがあることが分かった。うちの子はよく噛まないので作ってみたい」などの感想を得ることができました。栄養教諭だけではなく，食育サポーターからも伝えることで興味を引くことができ，より効果的に保護者の方々へ伝えることができました。

写真3－1　ひろしま給食試食会で，試食やレシピを配付

（2）お弁当コンテストの審査員

　朝ごはんで緑の食品を食べる児童生徒が少ない傾向があるため，野菜や果物を食べる重要性の理解や，自分で調理ができる力を伸ばすために，高等部３年の生活単元学習において「お弁当コンテスト」を行いました。そして，食育サポーターハウス系の方々に審査員として参加してもらいました（写真３－２）。

　お弁当コンテストは，クラス単位で生徒自らがお弁当の内容や調理の役割を決め，調理から片付けまでを行うものです。そして食育サポーターは，栄養・味・衛生・協力の面で，調理の審査やお弁当の試食をし，各クラスへの賞と選考理由を考えました。生徒には事前に審査項目を知らせることで，どうしたら栄養バランスのよいお弁当になるのかを考えることができました。

写真３－２　お弁当コンテストでの審査

（3）特別活動「食べ物を作る人に感謝しよう」

　２学期の特別活動では，全学年で給食ができるまでの学習をしています。その際は，食育サポータークック系やフード系の方々に教材作成や授業への協力などをしていただいています。例えば，高等部１年は事前に自分たちで質問事項を考え，給食調理員へインタビューをしました。「ごはんは何合炊きますか？」「一番大変なメニューはなんですか？」などの質問をし，その回答に驚いたり，深く頷

写真３－３　給食調理員へ，インタビューをしたり感謝の手紙を渡したりした

いたりする様子が見られました。その後の授業では，動画などを用いてそれらの返答について深く知ったり，感謝を伝える方法について考えさせたりしました（写真3－3）。

（4）学校保健委員会

　児童生徒が生涯を通じて健康で安全な生活を送ることができる力を身に付けるために，食育サポーターヘルス系である学校医や学校歯科医等に参加していただき，本校の健康課題について報告をし，児童生徒の健康について研究協議をしました（写真3－4）。

写真3－4
健康課題について報告をする様子

4．ひろしま給食100万食プロジェクト～プロジェクトを活用した本校での取組～

　ひろしま給食100万食プロジェクトは，広島ならではの給食メニューのレシピを公募し，その中から「ひろしま給食」メニューとして決定したメニューを，10月の「ひろしま食育ウィーク」に全給食実施校で提供する取組です。さらに本校では，それを活用して独自の取組も行っています。

（1）本校オリジナル「たこみ給食」

　本プロジェクトにより多くの児童生徒や保護者が参加できるように，校内で「たこみ給食」レシピの募集を実施しました。①広島県産の食材を使っている，②家庭でも簡単に作ることができる，③よく噛んで食べるための工夫がある，④給食の時間が楽しくワクワクする，といったポイントを踏まえて考えてもらいました。

　応募があったレシピは，栄養教諭と給食調理員が選考し，賞を決定しました（次ページ表4－1）。その後全校集会（いきいきタイム）で表彰を行いました（写真4－1）。

写真4－1　いきいきタイムでの表彰式

表4－1　令和元年度の受賞作品

賞	レシピ名	選考理由
最優秀たこみ賞 	みかん畑に かくれたコッコ	ケチャップライスの中に，みかんに見立てたとうもろこしや，みかんの葉っぱに見立てたパセリが入っているチキンライスです。たくさんのみかんや，緑の葉っぱが生い茂る畑から，にわとりが顔を出す。そんな情景が想像できるメニューですね。
たこパパ賞	「た」の付く 食べ物 集まれ↑↑	三原の特産物のたこが入った，具材たっぷりの煮物です。他にも「た」がつく，大根・玉ねぎ・大豆が入っています。「昔，自分で作りました。食感を残した方がおいしいです」のコメントに「料理を自分で作るなんてすごい！」と感心しました。
たこママ賞	みんなで食べよう シチュー	寒くなってくるこれからの季節にぴったりのメニューですね。おうちでみんなで食べる様子がイメージできて，いい名前だと思いました。たこママの特技は「おいしい料理で家族を幸せにすること」です。それに通じるいいメニューだなと思いました。
たこまる賞	陸海空の やっさボール	三原の特産物のたこを，豆腐や鶏ひき肉で丸めたアイデアメニューです。他にもにんじんやれんこんが入っていて，噛みごたえがあるいいメニューですね。陸・海・空の食材が入った素敵なやっさボールです。

その後の給食で，最優秀賞に選ばれたレシピを提供しました（写真4－2）。当日は，よく噛んで食べることについての話をしました。他の生徒からは，受賞者を称賛する声なども上がっていました。

写真4－2　当日の給食の様子や食堂前の掲示板

（2）広島県内の特別支援学校統一メニュー「トクトクメニュー」

　ひろしま給食の取組に合わせて，広島県内の特別支援学校の栄養教職員が集まり，トクトクメニューを考えています。今年は「トクトク★カルちゃん汁」に決

定し，ひろしま食育ウィークに各校の給食で提供しました。配付する資料や使用するイラストなども役割分担をし，作成していただきました（写真4－3，4－4）。

「トクトク」は特別支援学校の「特」と9つの具材の「9（く）」を意味しています。カルシウムがたくさん取れる汁で，牛乳と白みそを入れることで，減塩しつつまろやかな味になりました。

写真4－3　今年のトクトクメニュー

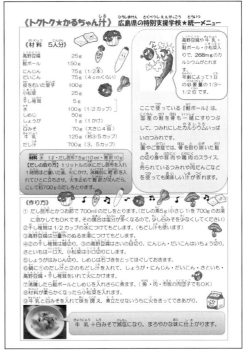

写真4－4　共同で作成した配付資料

5．給食を教材とした指導～給食指導と食に関する指導～

　給食の時間に行われる指導は，手洗い・配膳方法・食事のマナーなどの「給食指導」と，学校給食の献立を通じて食品の産地や栄養的な特徴を学習したり，教科等で取り上げられた食品や学習内容を確認したりする「食に関する指導」に分けることができます。毎日の給食の準備や，みんなで食事をするという活動を通して具体的な指導をするため，ねらいをもった献立を立てるよう努力しています。

（1）手洗い大使

　みんなに手洗いを呼びかけるのが主な活動です。全校児童生徒から募集し，今年は15名が手洗い大使として活動しました。手洗いの歌を歌ったり，小学部で手洗いに関するクイズを行ったりするなど手洗いの大切さや方法について，教員からのみではなく，児童生徒同士で声を掛け合うことができました（写真5−1）。

写真5−1　廊下や小学部教室前での活動

（2）給食当番の金曜チャレンジ

　自分の役割を果たしながら，仲間と協力して，衛生的で合理的な給食の準備ができるようになるために，どうしたらよいかを考えさせる取組です。給食当番は，配膳終了後に振り返りを行います。できたことや困ったことを話し合い，明日はどうしたらよいか意見を出し合います。最終日の金曜は，これまでの振り返りを生かし，基本的に教員は見守りのみを行い，生徒自身で考えながら当番を行います。繰り返し行うことで，前回の失敗を生かそうとする姿や，互いに声を掛け合う姿が見られるようになりました（写真5−2）。

写真5−2　給食の配膳や，給食当番終了後の振り返り

（3）特別活動とうもろこしの皮むき体験

　食材について興味をもったり身近に感じたりすることで，食べる意欲を高めるために，当日の給食で食べるとうもろこしの皮むき体験をしました。皮むきが終わった後は，厨房の給食調理員さんの元へ届けに行きました（写真5−3）。皮のむき方やヒゲと実の関係などを知ることで，普段なにげなく食べていた食材に対して関心を持つことができました。

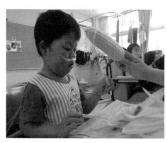

写真５－３　皮むきをし，給食調理員さんへ渡す様子

（４）全国学校給食週間に「か・れ・わ・た・し」が登場

　本校では広島県の地場産物を「か（牡蠣）・れ（レモン）・わ（わけぎ）・た（たこ）・し（しらす）」で覚えようと呼びかけ，学校祭などでも紹介しています。1月24～30日の全国学校給食週間中には，その５つの地場産物が，日替わりで給食に登場しました。給食週間前には給食の時間や食育だよりで予告をし，給食週間中には給食の時間や校内掲示で各地場産物の紹介をしました（写真５－４）。

写真５－４　地場産物顔はめパネル（左），わけぎが登場した献立（中），食堂前の掲示（右）

（５）かみかみ献立

　６月の給食目標は『よく噛んで食べよう』でした。それに合わせて２回「かみかみ献立」という名前で給食を提供し，よく噛んで食べようと声掛けをしました。給食の時間や特別活動では，昔と現代の噛む回数の違いや，噛むと起こる良い効果について紹介をし，普段意識しにくい【噛む】という行為について興味を向けるよう指導しました（写真５－５）。

写真５－５　かみかみ献立（きんぴら丼，もずくのみそ汁，かみかみ食育ミックス）と，使用した教材

第6部

ウィズコロナ時代における
特別支援学校の挑戦

第1章

新たな時代への
挑戦

第2章

ウィズコロナ時代における
新たな挑戦
ー児童生徒・教員の学びを
止めないためにー

第1章
新たな時代への挑戦

　令和2年4月16日，広島県教育長から，全ての県立学校において臨時休業とするメッセージが発せられました。このメッセージは，同月13日広島県において「感染拡大警戒宣言」が行われたことから，感染リスクの回避と県民の不安解消を図るという二つの視点に立つものでした。

　このメッセージの中で，平川教育長は「児童生徒等の学習機会の確保は大変重要であることから，自宅にいる状況にあっても，規則正しい生活習慣を身に付け学習を継続するとともに，学校再開後を見据え，様々な手立てを講じる」など，最大限配慮しながら取り組むとおっしゃっています。

　本校では，通信環境が整っていなかったり，そもそもデバイスの操作そのものが困難な状況であったりすることを承知しながらも，家庭に留め置かれている児童生徒にメッセージを発し続けることが大切と考え，できる努力を尽くそうと考えました。同月24日には，ホームページ上に『本校独自教材に係るお知らせ』を掲載し，それぞれ教職員が動画やスライドを作成したり，Web上の教材にリンクを貼ったりと，児童生徒全員には届かないかもしれないけれども，ICTを活用して子供とつながる方策を試行錯誤することにしました。

　そして，同月27日には，5月6日までとしている臨時休業について，5月31日まで延長する旨の通知が広島県教育委員会から発出され，この通知の中では「臨時休業期間中は，幼児児童生徒の学習機会の確保等について，幼児児童生徒の実態や家庭状況を踏まえ，最大限の配慮を行うこと」が求められました。この通知の翌日である28日には，県教育委員会特別支援教育課及び学校教育情報化推進課の指導主事が，G Suite for Education（以下，G Suite）の説明と児童生徒のアカウントの付与のため来校され，いよいよオンラインによる特別支援教育の推進

を迫られる事態となりました。

　このG Suiteの説明を受けて，同日28日には，保護者向け文書を郵送し，学校ホームページやG Suite等を活用しながら教材や学習動画の充実を図っていくこと，アカウントの設定方法を示しました。また，教職員に向けては，Gドライブを活用し，G Suiteを活用するためのマニュアルや研修資料を格納するとともに，株式会社アウトソーシングテクノロジーが運営する「ICT教育ニュース」で連載されている「iPadではじめる！先生のためのICT入門講座」の紹介を実施しました。4月30日には教職員があとに続いてくれることを期待して「先ず隗より始めよ」とばかりに，教育長が4月27日にYouTubeに投稿した「休業時にオンライン授業を行う方法」に倣い，児童生徒向けメッセージをYouTubeに投稿し，学校からのメッセージを受け取ってほしいことを訴えました。

　分散勤務実施中の5月1日には，感染防止に注意しながら，ネットワーク管理者によるG Suite活用のための教職員研修を実施し，Gドライブや教職員Classroomへのアクセスを求めました。この時，ログインした教職員が受け取れるよう「G Suite for Educationログインありがとう」というファイル名のメッセージを置いておきました。その内容は，不安とどう向き合うか，特別支援学校の教職員としての腕の見せ所であることを説くものとしました。急展開であったにもかかわらず，同日教職員全員のログインが確認でき，本校の教職員の危機において発揮する底力を心強く感じたものです。

　しかしながら，低年齢の児童の大部分は自身が自由に使用できる通信端末を所有しておらず，所有していたとしても動画等を通信制限なく閲覧できる児童生徒はほとんどいませんでした。ログイン作業においても保護者の支援なしには到底かなわず，なかには通信端末のOSのバージョンの関係からか，配布したマニュアル通りにいかず，保護者自身が学校に持参して教職員の助けを借りる姿まであり，学校がどんなにコンテンツづくりに励んでも肝心の端末と通信環境が揃わなければ，オンラインによる学びの継続は如何ともしがたいものでした。

　そのような中，広島県としても今年度実施事業を見直し，予算を組み替え，学校教育への支援に取り組まれ，5月20日には生徒へのICT機器無償貸付に係る事務手続等についての連絡があり，Windows PCとモバイルルータが届けられました。

　5月25日に，政府は緊急事態宣言を解除し，これを受け広島県でも6月1日から学校再開を図り，特別支援学校については学年や学級ごとの指定された日に登校する分散登校と自主登校を組み合わせた部分的再開を経て，6月15日に完

全再開を果たしました。しかしながら，その間もそして今に至るまで感染拡大の第2波を警戒し，いつ何時再び休業となっても対応できるように，ようやく緒に就いた学校教育におけるクラウド利用を推進するべく，本校では教職員が授業づくり，研修，会議などにおいて様々なクラウドサービスやアプリを活用しながらスキルアップに取り組んでいます。

　広島県が平成27年から「学びの変革」に取り組んでから6年が経過しました。児童生徒に主体的な学びを求め，授業づくりに取り組む中，何より教職員が指示待ちではなく，主体的に思考し，自律的な判断をスピーディーに，適切に行わなければなりません。したがって，学校は強力なカリスマ的リーダーシップによる求心力で動く組織ではなく，組織が示したミッション・ビジョンの実現に向けて，現場で自律的かつ主体的に支援や貢献が行われるフォロワーシップによる遠心力で動く組織であることが求められています。

　したがって校長として重要なことは，進むべき道と方向を示し「未来にコミットする」という目線にあると言えます。未来を遠望し，今行うべきことを判断し，明確なゴールイメージを示して教職員をそこに向かいたいと思わせる。だからこそ，学校の未来図は，輪郭だけを示して，教職員が余白を自由に描けるよう仕掛けだけを準備しておきたい。教職員はフォロワーとして，組織の目標をブレイクダウンし，実現可能な方策や計画に落とし込んでいき，協働によってそれを実現していく，そんな組織であることを目指してメッセージを発し続けました。

　こうして児童生徒の「学びを止めない」という共通の目標から始まった令和2年度の取組は，COVID-19拡大への対応からGIGAスクール構想や高等部生徒のBYOD（Bring Your Own Device）の推進へとつながろうとしています。

　以下，臨時休業から学校再開を経て，本年度第1学期に先生方が挑戦してこられた取組を紹介します。ウィズコロナ時代の特別支援学校における教育活動の参考になれば幸いです。

第2章
ウィズコロナ時代における新たな挑戦
－児童生徒・教員の学びを止めないために－

　新型コロナウイルス感染症による度重なる臨時休業や学習上の制約は，これまで経験したことのないことで，児童生徒にとっても，教職員にとっても危機的状況だと感じています。しかし，このような状況だからこそ，教職員自身がアクションし続け，初めてのことにもがむしゃらに挑戦し，試行錯誤する姿勢を示し続けることこそが，児童生徒にとって最も身近なロールモデルとなり，勇気を与えられるのではないかと考えています。私たちに必要なのは「何ができないか」ではなく，「この内容はどうすればできるようになるのか」「どのような方法なら目標を達成できるのか」ということを思考し，行動することなのではないかと思います。「どうすればできるようになるのか」という視点は，特別支援教育が最も大切にしてきたものの一つです。コロナ禍において，本校の児童生徒も教職員も学びを止めないために，アクションしてきたことについて，以下の節ではその一部を紹介します。

❶　児童生徒の学びを止めないために

1．作業学習月1ミーティング

（1）「共創」に向けて

　本校高等部第2・3学年の作業学習では，代表生徒による月に1回のミーティングを行っています。令和2年度のテーマは「共創〜地域と協働して，共に新しい価値を生み出すこと〜」です。これは地域協働や地域貢献につながる取組を創造する際に，学校内だけで考えたり，学校から地域への一方向のベクトルに限定

されたりするのではなく，学校と地域がそのプロセスを共有しつつ，地域からもベクトルが学校に向かうようにすることを目指しています。そして，学校と地域が異なる存在であるという多様性を生かし，新たな価値の創造を共に進めています。

（2）コロナ禍における ICT 活用

　新型コロナウイルス感染症による影響もあり，学習活動の継続が危ぶまれる中で，月1ミーティングもその例外ではありませんでした。特に，代表生徒が一部屋に集まり，意見を交わすことのリスクは大きいと考えられます。そのような状況の中，Web 会議システムにより学びを保障できないかと考えました。具体的には Zoom アプリを使用し，作業学習全7グループが各教室から，オンラインによるミーティングを行うことで，感染症対策という課題を乗り越えました（写真1－1）。

（3）ピンチは新たな学びのチャンス

　上記の方法による学習は，ピンチを乗り越えるためだけのものではないと感じています。これまで代表生徒のみが参加していた月1ミーティングでは，代表生徒とそれ以外の生徒との間に，ミーティング内容について理解度の差が生まれるという課題が生じていました。もちろんその課題は，グループ内での話し合いと代表生徒による月1ミーティングの双方の流れを明確にし，仕組みづくりを行うことで解決していかなくてはならないものです。しかしオンラインミーティングによって，全ての生徒がテーマ「共創」についての説明を聞くことができ，共通の目的に向かって意識付け・方向付けすることができたのではないかと感じています。単にピンチを凌ぐためだけでなく，新たな学びを生み出すチャンスでもあったのだと振り返って感じています。

写真1－1　Web 会議システムによるオンライン月1ミーティング

2．作業学習木工グループの「共創」〜地域の方々との協同製品開発〜

（1）地域とのつながりが創る新たなつながり

　令和元年度に木工グループの製品をご購入いただいた方から，「JICA 中国に設置している，民族楽器等を置くための飾り棚を製作してほしい」と依頼を受けました。その方は，令和元年 11 月に木工グループが招待され，参加した「有機農家の収穫祭」という地域イベントでたまたま本校のことを知り，チラシから製品を注文していただいたことをきっかけに，この取組が始まりました。また，きっかけとなったそのイベントへの招待・参加についても，幼稚園等での「木工教室」の取組を知った学校近隣の農家の方から招待される形で実現したものでした。地域とのつながりが新たなつながりを創り，生徒の学びのフィールドが広がっています。

（2）オンラインによる協同製品開発

　JICA 中国の担当者との飾り棚の協同開発は，主に Zoom アプリを活用して，オンラインによって行いました。1 回目は，生徒への正式な依頼も兼ねて，担当者からスライドを用いた説明があり，加工についての要望などもありました。それを聞いた生徒は，「（その加工はやったことがなく，）やってみないと分からない」と，冷静に回答していました。

　2 回目は，試作品を作った生徒から，検討事項であった棚の幅や奥行きを相談していました。1 回目に保留とした加工方法についても，「やってみたけど難しかった」と試作品を見せ，担当者とやり取りをする姿が見られました。このようにオンラインでの打ち合わせを重ねざるを得なかったとも捉えられますが，現地に何度も足を運ぶというのは Before コロナにおいても恐らく難しかったと想像でき，オンラインだからこそできる新たな学びだと考えています（写真 1 − 2，1 − 3）。

写真1−2，1−3　オンラインによる協同製品開発の様子

（3）地元家具職人との協同製品開発

　令和元年度から木工グループの外部講師をお願いしている地元家具職人の方とも，協同製品開発が行われようとしています。これまでは，木工の加工方法や技能に関するアドバイスなどが指導の中心でしたが，令和2年度は「共創」の実現に向けた学びに挑戦しています。地元家具職人による指導の中で，「コロナ禍だからこそ自宅にいる時間が長くなる」「おうち時間を楽しくしたい」という生徒からの発言がありました。それらは協同製品開発をする上で大切にしたいテーマとなっています。

3．探究の「学び方」を学ぶ〜「障害者の仕事図鑑」作成に向けて〜

（1）地域の人たちは障害者のことをどう思っている？

　前述のカリマネ会（第1部第1章6節）の通り，高等部における総合的な探究の時間の内容を改変し，年次進行で取り組んでいます。約半年間を一つのサイクルとして，探究の過程を経験します。その中で，「探究する力」を高めるとともに，探究の「学び方」を学ぶことにも重きを置いています。

　高等部第2学年の後半と第3学年の前半では，地域で活躍する障害者へのインタビュー等を通して，「障害者の仕事図鑑」の作成を行う予定です。その学びに取り組むには，生徒自身が課題意識をもつことが必要です。「障害者のことは知られていない」「だから自分たちが情報発信をしよう」など，学びへの必然性をもつために，まずは「地域の人たちは障害者のことをどう思っている？」ということについて，現状を把握する必要があると考え，高等部第2学年前半のサイクルの学びを進めました。

（2）コロナ禍での探究の過程における情報の収集

　探究における生徒の学習の姿として，「課題の設定」「情報の収集」「整理・分析」「まとめ・表現」の4過程により，学びを深めていくこととされています（文部科学省，2018）。コロナ禍において，とりわけ学校外の地域リソースを活用した学びを展開する上で，「情報の収集」の過程はBeforeコロナと同じ方法では実現が難しいこともあります。本校も例外ではなく，年間指導計画では校外学習によるインタビューを実施することにより，「情報の収集」を行う予定でしたが，コロナ禍により断念せざるを得ませんでした。そこで，上記と同様にWeb会議システムの活用により，対面のインタビューと同等程度の学習効果の実現を目指しました。

　当日は，三原市役所や中小企業家同友会の方々にご協力いただき，オンライン

インタビューを実施しました。現地への移動を伴わない分，限られた時間を効率的に活用できたのではないかと考えています。本校の４クラスと協力していただいた３名の方全員で，冒頭の説明と，終わりのまとめを行いました。メインの活動であるインタビューは，ブレ

写真1−4　オンラインインタビューの様子

イクアウトルーム機能を活用して，クラスと協力していただく方が１対１になり，質疑応答を行いました（写真１−４）。インタビュー終了後，生徒からは「まだ地域に知られていないことが多い」「発信する大切さ」など，協力していただいた方々からは「こうして学校とつながっていくことの大切さを感じることができた」などの意見がありました。

② 教職員の学びを止めないために

1. 子供の見方を豊かにする「学びあいの場」

（1）「教えあう」授業研究から「聴きあう」授業研究へ

　本校の研究テーマとの関連もあり，令和元年８月の夏季研修会に柳川公三子氏（富山大学人間発達科学部附属特別支援学校）を招聘しました。その際，「子供の見方」を豊かにすること，「子供を見る力」を高めることを目指す，「富附特支型研修『学びあいの場』」について講演をいただきました。その後，富山大学大学院教職実践開発研究科教授　竹村哲氏へ本校の研究に係るサポート依頼を行い，連携をする中で，「子供の事実」を見ることや，「子供の内面」に対する理解を深めることの重要性を理解し，本校の研究に通ずる新たな視点・知見を得ることができました。そのような経緯があり，令和２年度（２年計画の１年次）から「教師の『子供の見方』を豊かにする学びあい～チームの強みを生かした授業研究～」というテーマで研究を推進することとなりました。

　「『学びあいの場』」の目的は，教師の『子どもの見方』を豊かにすることであり，

授業改善策を教えあうことではありません。あくまでも子どもの姿からそのときの子どもの思考を推察することを通じ，『子どもを見る力』が高まることを目指しています」（竹村・柳川，2019）。小グループでの聴きあい（ラベル・コミュニケーション）と，授業者・参観者全員による聴きあい（アクティブ・リスニング）の二段階での解釈の聴きあいを通して，参観者が幅広い角度から子供を観察したり，授業者が自分はどのように捉えていたのか問い直す機会になったりすることを目指しています。

（2）コロナ禍での校内研究や研修方法

　新型コロナウイルス感染症の拡大防止の観点から，本校においても令和2年4月から6月まで臨時休業となりました。学校再開後も，感染拡大防止策を講じながら，教育活動が求められていることは本校においても変わりません。そのような状況下で，どのようにして校内研究や研修を推進すればよいか，どのような方法によって実施可能となるのか，教職員の学びを止めないために担当者を中心に試行錯誤してきました。

　後掲の「研究通信」にあるように，コロナ禍での研究・研修方法として，ICT機器の活用を試みました。具体的には，授業参観中の「密」を避けるために，授業が行われている教室と，参観用の別室をタブレット端末及びZoomアプリによってつなぎ，視聴可能な環境を設定しました。その際，録画ではなくライブ中継にこだわりました。なぜなら，録画の場合，定点での映像，もしくは撮影者が選び，切り取った映像となってしまうからです。「学びあいの場」で大切にしていることは，参観者自身が自分自身の視点で，授業のどの場面を切り取り，どの児童生徒の学びを見取るのか，そしてそれをどのように解釈するのかということです。そのために，参観者一人一人にタブレット端末を介して授業のライブ中継を行い，都度参観者から「○○くんの手元を見せてください」「○○さんの表情が見えるように動いてください」などの指示を聞き，中継者がそのとおりに動いて映像を提供できるようにしました。

　また校内研究を教職員に周知する際の研修として，ICT機器を活用した様々な方法を試しました。一つ目は，教職員が1カ所に集まることのリスクを避けるために，小人数が複数の教室に分かれ，全会場をZoomアプリでつないで説明をする方法です。二つ目は，研修用の説明動画を作成し，各自のPCで視聴してもらうのと同時に，Googleフォームを活用してインプットだけでなくアウトプットもできるようにする方法です。三つ目は，研修用のスライド資料を作成し，各自のPCで見てもらいながら，校内放送で説明する方法です。これらの方法を試す

中で，どのような研修にはどのような方法が適しているのか，実体験や参加者の声を根拠としたメリット・デメリットを把握することもできました。

（3）「授業研究」から「授業研修」へ

　鹿毛（2017）は「その授業で起こっていることをていねいにみる」とは，「事実の把握」と「自分自身の解釈」とを峻別しようとする態度でその場に臨むという行為を指すとしています。また，授業の同じ場面を見ていても，特定の出来事が「みえる人」と「みえない人」とに分かれ，授業の参観で問われているのは参観者自身の「アンテナの感度」だとも述べています。「学びあいの場」で大切にしていることは，必ずしも答えが一つに定まるとは限らない「よりよい授業」を教えあうことではありません。「授業研究は授業という営みを支える営みであると同時に，教師の日常に埋め込まれた教師の専門的な学びを促す『しかけ』であり，それが機能することで一人ひとりの教師の授業づくりがサポートされると同時に，学校全体の授業実践の質が高められていくことが企図されたシステムなのである」（鹿毛，2017）。

　以上のことからも，「学びあいの場」では，ある特定の授業を題材として，授業者と同じように参観者も学びを深め，その学びが日々の授業に還元されることを目指しているといえます。「学びあいの場」によって，授業の中での子供の言動（事実）を見取り，そのときの内面を推察（解釈）することを通して，「子供の見方」を豊かにすること，「子供を見る力」を高めることが目的とするところです。これはいわば，「授業研究」というよりも「授業研修」と表現する方が適切かもしれません。

　令和２年８月末時点で２回の「学びあいの場」を実施しました。実施後のアンケートには次のような声がありました。

・「自分の生徒理解は正しいのか」と自問自答をするようになった。
・生徒へのアプローチを行って変化（反応）がなく，違うアプローチをする時に，要因を考えて行うようになった。（まだ十分ではないと思うが）
・子供を見るときに，いくつかの視点で解釈していこうと考えるようになった。
・生徒の言動を多面的に捉えようとする意識がめばえた。
・人によって，子供の「どの行動に着目するのか」が異なり，改めて自分の視野の狭さに気が付かされた。
・「この子はこうだ」という考えに縛られず，他者の意見からの視点で接してみる（取り組んでみる）ことにチャレンジしてみたいと感じました。
・授業や会話をする際，のちに「何を思っていたのだろう?」と子供の立場を考えるよ

うになった。
・「学びあいの場」はこれからも行う機会が増えていけばよいと思います。たくさんの発見や，いろいろな先生方の意見を聞き合う場はとても良く，今後授業を考える中ですごく良いと思いました。

２．たこミニ講座

　今年度から，月１回特別支援教育コーディネーターが中心となって，初任者や希望者で教員の専門性向上に向けた自主学習会「たこミニ講座」を実施しています（写真２－１）。教員の学びを止めない観点から，ソーシャル・ディスタンス，消毒・換気等のコロナ対策を講じて５月から研修を継続しています。たこミニ講座専用 classroom を設定し，研修資料の蓄積や研修後の振り返りとして参加者が対話できる場として活用しています。

【たこミニ講座の内容】

回	内　　容
①	授業におけるユニバーサルデザイン
②	知的障害や自閉症の特性
③	障害の特性に応じた教材・教具について
④	障害の特性に応じた児童生徒の関わり方①
⑤	実践紹介①（図２－１）
⑥	障害に応じた ICT 機器の活用
⑦	自立活動について
⑧	障害の特性に応じた児童生徒の関わり方②
⑨	実践紹介②
⑩	障害の特性に応じた児童生徒の関わり方③
⑪	実践紹介③

写真２－１　たこミニ講座の様子

　たこミニ講座専用 classroom では，次のような投稿がされています。
・「お店屋さんをしよう」の単元が，学部の先生方の課題意識から生まれたこと，生活単元学習における児童の学びとは何かということについて深く考えられてきたこと，そして緻密に考えられた単元計画，何より単元における子供の姿の変容など，初めて知ることばかりで，その豊かな実践に感銘を受けること，刺激を受けることがたくさんありました。

・B児が体験とアンケートによってラッピングの大切さに気が付いたという場面，私なら強引にでもラッピングさせるように誘導していたかもしれないなと思い，「自ら気付き，解決しようとする」子供の学びを奪っていないかどうか，もう一度振り返りながら授業をしていこうと思いました。

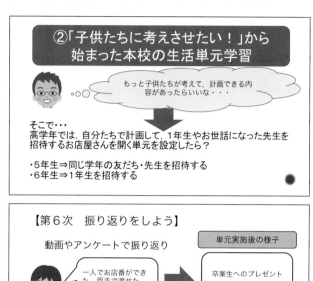

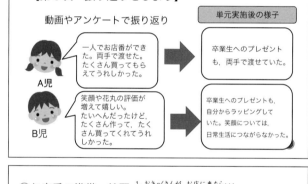

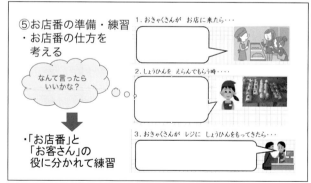

図2−1　第5回たこミニ講座資料
「『子供たちに考えさせたい！』から始まった本校の生活単元学習」から

【参考文献】
鹿毛雅治（2017）授業研究を創るために．鹿毛雅治・藤本和久，「授業研究」を創る　教師が学びあう学校を実現するために．教育出版，2-24.
竹村哲・柳川公三子（2019）実践！特別支援教育のアクティブ・ラーニング　子どもの内面を捉え、学びの過程に寄り添う教員研修．中央法規出版．
文部科学省（2018）高等学校学習指導要領（平成30年告示）解説　総合的な探究の時間編．

広島県立三原特別支援学校

研究通信　第1号　〜研究テーマの設定〜

令和2年　6月　1日

令和2年度の研究テーマ（2年計画）

教師の『子供の見方』を豊かにする学びあい

〜チームの強みを生かした授業研究〜

昨年度までの研究

○平成30年度〜令和元年度（2年間）研究テーマ
「三原特支『付けたい力』を目指した授業づくり〜チームの強みを生かした授業研究」
○教職員アンケート（令和元年度12月）
「授業における『三原特支　付けたい力』の意識度」調査（4件法）
→実績値3.11（目標値3.0）
○「三原特支で付けたい力」への理解
○「三原特支で付けたい力」育成を目指した授業実践　⇒　一定の成果が見られた

富山大学や附属特別支援学校との連携

○夏季研修会（令和元年度8月）で柳川公三子氏の講演
○令和元年9月に竹村哲氏へサポート依頼
○得られた新たな知見
　①子供の真実を見ること
　②子供の内面に対する理解を深めること

令和2年度の研究（2年計画）

目的
①　「学びあいの場」を通して，教師の「子供の見方」を豊かにすること
②　子供の姿（事実）からそのときの子供の思考（内面）を推察することを
　　通じて，教師の「子供を見る力」を高めること

5月15日に教育研究部で第1回オリエンテーションを行い，研究テーマを教職員全員で共有しました！

　　今回のオリエンテーションは，新型コロナウイルス等の感染拡大防止の観点から，いわゆる3密を避けるために，複数の会場に分かれて開催しました。

Zoom（Web会議システム）の活用！

〇別室にいる，教育研究部の2名が，遠隔会議システムを使って，各会場にいる先生方へ，今年度の研究テーマについて説明しました。

Feeder（チャットツール）の活用！

〇また，研究テーマが新しいものになることもあり，多く先生方から自由に質問をしていただけるよう，お手持ちのスマートフォン等を使い，チャット形式で随時質問を受け付けました。

　オリエンテーションの前に，チャットのサイトが開けるQRコードを画面に掲示して，多くの先生方が簡単に，そのシステムを利用できるようにしました。

Mentimer（回答分析ツール）の活用！

〇他にも，Mentimeter（回答分析ツール）を使って，「あなたにとって，教育研究とはどのようなものですか？」という質問に，スマートフォン等を使って回答していただきました。多くの回答をいただき，結果は以下の通りでした。

頻出回答は中央に大きな文字で表示されます。

今後の予定

　第2・3回のオリエンテーションを通して，研究の概要，「学びあいの場」の進め方等の説明を行います。

　その後，頂いた質問や意見をもとに，研究の方法の改善を行い，随時，校内研究，「学びあいの場」を実施していく予定です。

広島県立三原特別支援学校

研究通信　第2号　〜学びあいの場の流れ〜

令和2年度の研究目的

① 「学びあいの場」を通して，教師の「子供の見方」を豊かにすること
② 子供の姿（事実）からそのときの子供の思考（内面）を推察することを通じて，教師の「子供を見る力」を高めること

◎今回の研究通信では，「学びあいの場」の流れや方法について解説します。

学びあいの場　1日の流れ

公開授業の参観（45分） → 休憩 → LC（20分） → 移動 → AL（20分） → 協同学習リフレクション → アンケート

① 公開授業の参観

・参観者は9人
・授業を序盤，中盤，終盤 各15分に分けて，3人ずつ参観します。

② LC（ラベルコミュニケーション）

・序盤，中盤，終盤のグループに分かれます。
・解釈を聴き合うための手段として，青・赤の2種類のラベルを使用します。
ラベルの書き方は

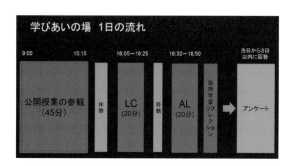

| 青ラベル（言動） | 子供の姿 場面・そのまま行動 |

例・Aさんは自分から手を挙げた。
・Bくんは，黙って手を止めていた。
・Cさんは，魚の絵を10匹描いて，その紙を丸めて捨てた。

| 赤ラベル（解釈） | 子供の姿に対する 自分自身の解釈 |

例・Bくんは自信がなかったのではないか。
・Bくんは，見通しがもてなかったのではないか。

Bくんについて，私たちは，○○して，△△だったから，黙って手を止めたのではないかと解釈した。
このことを，授業者に聴いてみよう。

③ AL（アクティブリスニング：聴きあい）

・参加者：授業者，プロンプタ（進行役），参観者9人
・序盤，中盤，終盤各グループから，報告者1人が，グループで出た解釈について聴いてみる。

解釈を聴きあう

小グループでの聴きあい（ラベルコミュニケーション）／授業者・参観者全員による聴きあい（アクティブ・リスニング）

二段階

A先生　B先生　C先生　グループの代表／授業者／グループの代表／プロンプタ

参観者（前時までの子どもの様子を知らない）幅広い角度から子どもを観察 ➡ 授業者（前時までの子どもの様子と照らし合わせて）自分はどのように捉えていたのか問い直す機会になる

④ アンケート

・アンケートの回答や記述から，研究目的を達成できたかを評価します。

◎感染症対策

※感染症対策の観点から，複数の教員が教室を出入りするのを避けるため，Zoom アプリを活用して，参観者9名は別室で授業を参観します。

○授業（教室）の様子

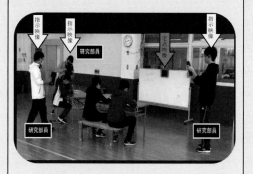

○別室にいる参観者の様子

・定点映像用のカメラ1台設置
・参観者3人の指示映像用のカメラ3台を，研究部員が45分持っています。
・研究部員は参観者とそれぞれつながっていて，「Bくんの手元を映して！」「Cさんと，教師の二人の様子を映して！」等の参観者の指示を聞いて，映像を撮ります。

・定点映像が出されたテレビ
・指示映像がつながっている iPad 3台
・テレビや iPad の映像を見ながら，撮影している研究部員に，見たいところを指示します。

今後の予定

・1か月に3日間（金・月・火）実施し，計5時間を公開
・1年間に，3日間のまとまりを7回実施して，多くの教員が授業を公開できるようにします。
・6月は，19日㈮，22日㈪，23日㈫に，学びあいの場を実施します。

　大和大学教育学部　落合俊郎です。広島県立三原特別支援学校との最初の出会いは，私が広島大学に赴任した 2000 年でした。あれから 21 年，学校関連の委員等で，非常に長いお付き合いになりました。三原特別支援学校の移り変わりは，まさに広島県の教育の変化を代表するとも言えるでしょう。本書の中で紹介しているコロナ禍に対する臨機応変の対応は，まさに，このことを示す好事例ではないでしょうか。私が広島大学に赴任する 2 年前，広島県の教育界に新しい出発がありました。1998 年 5 月，「教育内容関係」と「学校管理運営関係」に関して大幅な改善を余儀なくされました。今風に言うと「授業改善」と「校内体制整備」であり，まさにカリキュラム・マネジメントが目指す内容と酷似していました。

　結論から言うと，三原特別支援学校を含めて広島県の教育は，2020 年に初等教育段階から完全実施される新学習指導要領の中の「カリキュラム・マネジメント」と「社会に開かれた教育課程」をいち早く実施したとも言えるでしょう。本書は，新しい学習指導要領を実施するには具体的に何をすべきかという重要な示唆を示しています。特にカリキュラム・マネジメントについては学習指導要領では 5 ～ 6 行の記述ですが，その中の第 3 番目の柱の「教育課程の実施に必要な人的又は物的な体制を確保するとともにその改善を図っていくこと」は，三原だけでなく広島県が重点を置いてきた部分でもあったと思います。この第 3 の柱がうまく機能しないと，職員が多くて何もできないということが起きます。特別支援学校は教員数が多いので，カリキュラム・マネジメントの第 3 の柱も非常に重要です。この柱の重要さは，今回の予期もしなかった事態への対応でも示されました。それでは，三原特別支援学校の活動について説明します。

1．三原特別支援学校の「社会に開かれた教育課程」の基盤について

　2003 年広島県立教育センターが「授業改善のための校内研修ハンドブック～マネジメントサイクルを取り入れた校内研修の在り方を求めて～」を発行し，2006 年「盲・ろう・養護学校授業改善ハンドブック」では，特別支援学校，特別支援学級の授業改善が言及されました。その後，2007 年，2008 年，2015 年に特別支援教育関連のハンドブックが発行されました。これによってカリキュラム・マネジメントの基盤づくりができたといえるでしょう。さらに 2013 年「業務改善事例集」では，K J 法，ブレインストーミング等の討論の仕方から，フローチャート化，計画の具体化，計画的な業務の工夫，年間スケジュールの見える化，類似業務の集約・統合，起案・決済に関する改善，定時退校日等の実施，会議の改善，職員朝会・暮会等の改善，ICT の活用等，整理整頓の工夫，職場や教室の動線の改善などの具体的な取組内容が紹介されました。また，このハンドブックの優れたところは，

「いまさら聞けない校内整備体制」のような基本的なことから高度な内容まで網羅されています。本書で紹介されている様々な活動は，実はこのハンドブックに則っていると言っても過言ではありません。これらのハンドブック作成にあたっては，研究協力校を県内の諸学校にして，「当事者意識」を引き出す工夫も配慮しています。2014年「授業研究ハンドブック：学校における授業研究の質的向上を目指して」が発行され，特別支援学校については，2015年「特別支援学校における授業改善・校内研究推進ハンドブック」の中で，ワークショップ型の協議，ポイントを明確にした協議，比較を取り入れた協議，ビデオ・音声記録を有効に活用する方法，研究授業の改善策を検討する研究協議，授業改善についての具体的な内容が記載されています。このように他の都道府県と比較すると，広島県では歴史的な背景もあり，カリキュラム・マネジメントの流れが5〜6年早かったのではないでしょうか。

2．三原特別支援学校の「社会に開かれた教育課程」

　三原特別支援学校では，いつごろからか，「ピンチをチャンスにしよう」がスローガンになっていました。これには，学校所在地の地政学的な課題もありました。本校は田畑と山間部の境に位置し，市街地からかなり離れていますので，学校から打って出なければ何もできません。大崎分教室は人口8,000人の離島にあります。

（1）外に打って出るための戦略

１）月一カフェや災害復興カフェ「いこい」：2011年から開始された広島県教育委員会による「特別支援学校支援プロジェクト事業」や「広島県立特別支援学校技能検定」「三原検定」で培った生徒のスキルを地域で生かした事業です。離島の高齢者施設や港でのカフェのオープンは周囲からも期待されました。このころから特別支援教育の目標である「自立と社会参加」に加えて「社会貢献」という意識が教員と子供たちに芽生えてきました。さらに，地域の過疎化が厳しいなか，社会貢献だけでなく，「地域おこし」にもかかわろうと「小泉さといもプロジェクト」や「レモン農家とのコラボ」に着手することになりました。まさに，これらは，創造的に展開する地域協働・共創の実践です。

２）地域との連携のための校内分掌を立ち上げる：「企画戦略会議」「経営戦略部」が分掌として設置されています。これらは，同じような地政学的な背景をもつ学校の重要な戦略です。しかし，障害のある児童生徒の社会進出には，全ての特別支援学校で考えなければならない分掌だと思います。

３）なんでも新聞通信戦略：新聞といっても紙媒体だけではなく，研究会や各分掌の活躍を「新聞」や「通信」というかたちで学校のホームページに貼り付けます。例えば，教員の授業研究の様子を「授業づくり新聞」で知らせ，学校のサイトに掲示します。このほか「ほけんだより」「進路だより」「食育だより」「たこみちゃんだより」「カフェ『いこい』新聞」「先を見つめるメンテナンス新聞」「木工房MIHARA新聞」「三原特支コミュニティ・スクール新聞」や「美しい農業」通信を発行しサイトに載せます。これは，保護者，地域の人々，校内の教職員，さらには世界中の人々が学校内の様々な活動を知ることができるわけです。情報発信によって学校が今何をしているのか，その成果の説明

責任を担保することにもなるわけです。もちろん，紙媒体の一般新聞等，コミュニティーTV 等のマスコミを積極的に活用することも重要なことです。

4）ゆるキャラ戦略？：三原の名物の一つはタコです。ゆるキャラとして「たこみちゃん」を「育て」ました。頭？にリボンをし，手？に鉛筆を持ったキョロキョロ目玉の赤い子ダコのキャラクターが登場した時は，本当に驚きました。しかし，交通の便が悪く山沿いにある特別支援学校を地域の人々に親しみを持たせるための重要な戦略だったのです。

5）技能検定・アビリンピック・スポーツ・美術・アート作品による社会参加：社会参加の方法として，技能検定やアビリンピックや三原検定による自己実現だけでなく本校のすばらしい美術・アート作品は，これまで多くのコンクールに入賞しただけでなく，人々に感動を与えました

6）海外との姉妹校提携：韓国のミラル学校，江南大学校，龍仁江南学校と姉妹提携を結びました。最初の提携を結ぶとき，私が仲介しました。なぜ，韓国だったかというと，ヨーロッパや北米となると現実感よりも観光気分のほうが勝ってしまい，臨場感をあまり感じないのではないか。広島からだと名古屋から静岡までの距離にある非常に近い外国である韓国だと，韓国で可能なのになぜ我々にできないのかという意識が生まれるのではという思惑もありました。多分，韓国側も同じ気持ちだったと思います。生徒の職業教育への流れを促す刺激になったと思います。

（2）校内体制整備の方法

1）なかば習慣化しているといえるワークショップ的な協議の仕方：これは，定着度の違いがあれ，広島県で 2003 年から校内研修プロジェクト等でガイドブックが出され，実施されている内容です。会議や協議の仕方がワークショップ的に行われており，一人が話をして終わるということはほとんど見なくなっています。付箋や模造紙の使い方の基本ができています。これは教員だけでなく，児童・生徒の協議でも行われています。

2）学校運営についてのアンケートに生徒も参加：一般的には，学校運営についての意見を聞くために教員，保護者，地域の人々，研修会参加者からの場合が多いのですが，三原では生徒へのアンケートも行います。これは，国連障害者の権利に関する条約のなかで，Nothing about us without us!（自分たちのことを自分たち抜きで決めないで！）の原則に則って，子どもたちの人権と人格を認める具体的な方法の一つです。これには合理的な理由があるように思えます。高等部を卒業すると多くの生徒が就職します。人格や人権を尊重されることによって自尊感情が育ちます。それは，作業や仕事を確実に行うための重要な要件です。

3）「かえるかいぎ」と 10 分間研修：業務改善は職員の「働き方改革」を行う中で重要な事柄で，学校経営目標の中にも位置付けています。2013 年「業務改善事例集」の主旨でもあります。この会議を設けることによって，働き方改革を支える様々な基本的なスキルから，校内組織や学校運営について，教員の意見を聞く会議となっています。この仕組は，教員が自分の職場に対してオーナーシップ（当事者意識）を持つための重要な方法です。

結語

　本書の初校の締め切りが4月10日で，全面休校になる直前でした。やがて，予想もしなかったことに直面し，三原特別支援学校だけではなく，日本を含む全世界にコロナの問題が勃発してしまいました。新学習指導要領が目指す「社会に開かれた教育課程」は，中央教育審議会教育課程企画特別部会の論点整理資料の中で示された2030年までに日本が経験するであろう様々な課題解決の基本的方策に則っています。危機回避シナリオとして・個々人の自己実現，社会の「担い手」の増加，格差の改善（若者・女性・高齢者・障害者などを含め，生涯現役，全員参加に向けて個人の能力を最大限伸長すること）・社会全体の生産性向上（グローバル化に対応したイノベーションなど）・一人一人の絆の確保（社会関係資本の形成），一人一人が誇りと自信を取り戻し，社会の幅広い人々が実感できる成長を実現するとされています。今後の社会の方向性として，「自立」「協働」「創造」の三つの理念の実現に向けた生涯学習社会を構築するとしています。

　そして，この新学習指導要領を実施しようとした矢先に，コロナ禍による休校が始まりました。三原特別支援学校がカリキュラム・マネジメントによってこの危機を克服できるかが試された事態でもありました。広島県教育委員会によるG Suite環境づくりが行われ，三原特別支援学校では，Googleクラスルームや Meet, Zoom による授業展開や教職員の会議を行い，対面授業と組み合わせたハイブリッド型の教育課程を展開しました。「社会に開かれた教育課程」を先取りすることによって，就職等の様々な取組によって「知的障害があるから○○ができない」という可能性に対する「しばり」を消し，彼らも ICT による授業ができることを明らかにしました。

　2015年9月の国連サミットで決議されたSDGs（Sustainable Development Goals：持続可能な開発目標）では，格差の問題，持続可能な消費や生産，気候変動対策など，途上国だけではなく先進国も含めた全ての国が取り組むべき普遍的な目標であると指摘しました。このような時代背景を背負った「社会に開かれた教育課程」を実現するためには，カリキュラム・マネジメントが必要であり，これまでにない様々なことを実行しなければなりません。

　コロナウィルス感染問題で，人命を失うだけでなく，未曽有の経済問題が生ずるかもしれません。SDGsについて最も真剣に取り組まなければならないのは，この日本ではないかと思います。今，我々は目前にあるコロナ禍の問題解決に加え，歴史上類を見ない少子超高齢化や人口減少・納税者の減少や巨大地震発生の高いリスクなどに直面するなか，ポストコロナあるいは with コロナの時代，三原の実践はこれからの日本の社会の在り方に重要な示唆を与えるに違いありません。

広島大学名誉教授

大和大学教育学部　教授

落合　俊郎

執筆者一覧

【本文】

峯本　英紀	広島県立三原特別支援学校	校長	
大野　英明	広島県立庄原特別支援学校	前校長	
広兼千代子	広島県立三原特別支援学校	教頭	
常森　俊夫	広島県立三原特別支援学校	小学部主事	
児玉麻理子	広島県立尾道特別支援学校	中学部主事	
川野　弘宣	広島県立三原特別支援学校	高等部主事	
田村　沙織	広島県立福山特別支援学校	小学部主事	
大迫さなえ	広島県立広島西特別支援学校	教諭	
小越　景子	広島県立三原特別支援学校	教諭	
金谷　友嗣	広島県立三原特別支援学校	教諭	
髙亀　史惠	広島県立三原特別支援学校	教諭	
後藤　龍	広島県立三原特別支援学校	教諭	
田坂　真大	広島県立三原特別支援学校	教諭	
多田　麻美	広島県立三原特別支援学校	教諭（特別支援教育コーディネーター）	
中塔　大輔	広島県立三原特別支援学校	教諭	
原野明日香	広島県立広島特別支援学校	教諭	
檜山　祥芳	広島県立三原特別支援学校	教諭	
平見　裕司	広島県立三原特別支援学校	教諭	
部家　光成	広島県立三原特別支援学校	教諭	
村上　絵美	広島県立三原特別支援学校	教諭	
山﨑　めい	広島県立三原特別支援学校	教諭	
若松　亮太	広島県立三原特別支援学校	教諭	
木本　実樹	広島県立三原特別支援学校	栄養教諭	

【コラム】

落合　俊郎	広島大学名誉教授　大和大学教育学部	教授
菊地　一文	弘前大学大学院教育学研究科	教授
丹野　哲也	東京都教育庁指導部特別支援教育指導課長	
坂本　征之	国立特別支援教育総合研究所	主任研究員
柳川公三子	富山大学人間発達科学部附属特別支援学校	研究主任
川口　信雄	株式会社はまリハ　顧問（3月まで株式会社ゆたかカレッジ　顧問）	

【発刊によせて】

落合　俊郎	広島大学名誉教授，大和大学教育学部	教授

（令和2年8月現在，順不同）

カリキュラム・マネジメントで
子どもが変わる！　学校が変わる！
〜広島県立三原特別支援学校の実践〜

令和2年11月28日　初版第1刷発行

■編　　著　広島県立三原特別支援学校
■発 行 人　加藤　勝博
■発 行 所　株式会社 ジアース教育新社
　　　　　　〒101-0054　東京都千代田区神田錦町1-23　宗保第2ビル
　　　　　　TEL：03-5282-7183　FAX：03-5282-7892
　　　　　　E-mail：info@kyoikushinsha.co.jp
　　　　　　URL：https://www.kyoikushinsha.co.jp/

■表紙カバー・本文デザイン・DTP　　土屋図形 株式会社
■印刷・製本　　三美印刷 株式会社
Printed in Japan
ISBN978-4-86371-561-5
定価はカバーに表示してあります。
乱丁・落丁はお取り替えいたします。（禁無断転載）